安倍晋三
実録

岩田明子
Iwata Akiko
元ＮＨＫ解説委員

文藝春秋

安倍晋三実録◎目次

はじめに 5

第1章　第三次政権への夢 15
暗殺前夜、統一教会に言及／「また明日」と言ったが……／警察への不満を口に／安倍に食い込んだきっかけ／「台湾有事は五年以内に起こる」／持病の再発／退陣のタイミング／膨らむ総理三選への意欲／アデナウアーになぞらえる／高市総理と上川官房長官／「ガチンコでやらなければ」／天を味方にする／珍しい菅からの電話／岸田が本音を漏らした

第2章　雌伏の五年間と歴代最長政権 45
小池新党は「瓦解するに違いない」／第一次政権の「辞任ドミノ」／「チーム安倍」がホテルの一室に／盟友・中川昭一の急死／「橋下徹総務大臣」構想／組閣は「常に最強の布陣で」／石破茂と「白黒つける」／ポスト安倍の処遇に腐心／「政治家の天運が落ちる」

第3章　慰安婦問題と靖国参拝 69
「河野談話」を見直すべき／訪米して「慰安婦の方々に申し訳ない」／朴槿恵への同情と共感／「戦後七十年談話」がもつ意味／ケネディ大使の反応／韓国の卓袱台返しに激怒／緊迫の日韓首脳会談／「文在寅には期待できない」／支持者からの靖国参拝の期待／「信念を失ったらおしまい」／バイデンからの電話

第4章　トランプと地球儀俯瞰外交　93
テタテの最大活用／「こんなディールは馬鹿げている」／「シンゾーの人柄に屈した」／「あのバック転は十点満点」／米朝首脳会談へのアドバイス／「拉致問題を提起してほしい」／金正恩からの手紙／G20大阪サミットでの攻防／夕食会の席次に仕掛け／習近平が色をなして反論／米国とイランの仲介役／プーチンの不信感と怒り／ウクライナ戦争の影響

第5章　拉致問題解決への信念　121
「もう一度総理になってください」／安倍の機転で金正日が拉致を認める／「めぐみさん自殺」の報告書／第二回日朝首脳会談への不満／横田夫妻から安倍と岸田への手紙／めぐみさんの娘と面会／「やはりめぐみさんは生きている」／新たに二名の生存者／トランプを仲介役に交渉／冷え込んだ米朝関係

第6章　習近平との対決　143
日本人ならどの政党に入るか／最初の首脳会談では笑顔なし／第一次政権で「氷を砕く旅」／AIIB参加への逡巡／習近平の態度が変わった／「日本のコメは品質が良い」／米中の仲介役／「李克強の立場を悪くしかねない」／領海侵犯への強い抗議／香港とウイグルへの弾圧／菅、岸田へのアドバイス

第7章　生前退位と未来の皇室像　165

恒久法か特例法か／野田佳彦と密会／保守派議員との折衝／元号スクープの重圧／皇太子の嬉しそうな表情／即座に令和の由来を解説／トランプに明かした皇室観／上皇が「安倍総理にしかできない」／愛子天皇誕生も議論を／小泉政権での有識者会議／「神風が吹いた！」／旧皇族の養子縁組案

第8章　スキャンダルと財務省　191

モリカケ問題の発覚／「総理や議員も辞める」／耐震偽装問題での成功体験／松井一郎も「政権が転びかねない」／森友問題の本質／安保関連法成立後の「驕り」／麻生に「辞める時は、一緒です」／矢野財務事務次官との手打ち／加計学園の疑惑／「桜を見る会」の深刻さ／特捜部の安倍への聴取／「国家機密も吸い取られた」

第9章　岸家と安倍家の葛藤　215

信夫への嫉妬の感情／安倍家三兄弟の病／府中刑務所で驚愕／岸信介からの掛け軸／政策は祖父似、性格は父似／晋太郎が味わった悲哀／プーチンの父親の肖像画／安倍が髪型を変えた理由／「家庭の幸福は、妻への降伏」／後継者は「血縁にはこだわらない」

おわりに　237

はじめに

安倍晋三がいなくなってから、早くも一年が経とうとしている。

東京・永田町の衆議院第一議員会館十二階にある一二一二号室。安倍が長年、使用してきた事務所だ。主を失った安倍事務所が二〇二二年九月三十日にこの部屋から退去して以降、長らく空室となってきた。事件後、悲しみを紛らわすために、深夜、首相官邸から永田町、平河町に向かって歩く癖がつき、私は常にこの部屋を見上げるようになった。すでにほとんどの事務所が仕事を終えて部屋の灯りは消えているのだが、一二一二号室の窓はひときわ暗く、吸い込まれるような漆黒に覆われている。安倍がその窓から悲しい顔を覗かせるような気がするのだが、見上げるたびに安倍には二度と会うことができないのだと再確認させられるのだ。

二〇二二年七月九日、その前日にテロリストの凶弾に斃《たお》れた安倍の遺体が、東京・富ヶ谷の自宅に無言の帰宅をした。遺体は自宅三階の仏間に安置され、総理経験者をはじめ多くの政界関係者が弔問に訪れた。

私もその日の夕刻に弔問した。憔悴《しょうすい》し切った昭恵夫人や母親の洋子さんに挨拶した後、布団に横たわる安倍の姿を目の前にして、私は泣きながら「総理……」と語りかけた。頭には包帯を巻いていいて目も閉じているものの、今にもしゃべり出しそうな顔をしていたからだ。いつものように、こちらを見てすぐに「岩田さん、なに？」と返事をしてくれると信じたが、安倍は私の呼びかけには一向に応じてくれない。

このような理不尽なことが許されていいのか。明日も、来月も、来年も、取り組むべき課題に思いをめぐらせていたはずではなかったのか。犯人への激しい憤りと言いようのない悲しみに襲われ、安倍がもうこの世にいないという厳然たる事実を受け入れることができない私は、持参した数珠《じゅず》を持つ手が震えてしまい、線香に火をともすこともままならなかった。何とか線香をあげ、手を合わせたが、あの時の、今にも話しかけてきそうな安倍の最後の姿は今も私の目に焼き付いている。

安倍は自他ともに認める晴れ男だった。七月十二日に東京・港区の増上寺で行われた葬儀の際、霊柩車が通る都内の路上には安倍を偲《しの》ぶ多くの国民が詰めかけた。涙を流す人、花を手向ける人、拍手を送る人……。多くの人たちが霊柩車に向かって「ありがとう」と呼びかけていた。十二日は雨の予報だったのだが、雲の合間からは光芒《こうぼう》が漏れ出し、詰めかけた人々の頬を照らした。この日私は、首相官邸の正面玄関前に陣取った記者団の中で安倍の車列を待った。昭恵夫人を乗せた霊柩車が正面玄関前でゆっくりと停車すると、岸田文雄首相や松野博一官房長官らが一斉に手を合わせた。位牌を持った昭恵夫人は車内から深々とお辞儀をし、私も安倍に最後の別れを告げた。

自民党本部や国会議事堂で多くの議員や職員にも別れを告げた後、車列は品川区の桐ケ谷《きりがや》斎場に向かい、遺体は荼毘《だび》に付された。その後、増上寺で初七日の法要を行い、家族らによるお斎《とき》が終わるとようやく、それまでこらえていた雨が、ぽつり、ぽつり、と落ちてきた。その雨を見ながら私は、晴れ男の安倍が何とか最後まで踏ん張っていたように感じた。

その夜から一週間ほど、七月には珍しく東京では激しい雨の日が続いた。それは安倍を喪《うしな》って悲しむ国民の涙だったのか、あるいは志半ばで人生の幕を下ろされてしまった安倍自身の涙だったのか。私には後者に思えてならなかった。

銃撃事件直後に拡散された動画には、一発目の銃声を聞いた安倍が犯人の山上徹也被告（42）に顔を振り向けた瞬間が映っており、安倍の目はしっかりと山上を捉えていた。銃声を聞いて伏せることなく、犯人を見据えた安倍。敵に背を向けることを嫌い、自身を批判する勢力とは真っ向から戦うことを選択した安倍らしい最期のようにも思えた。

安倍は祖父・岸信介《のぶすけ》や父・安倍晋太郎の背中を見ながら育ち、三十八歳で政治家となった。二〇〇二年、小泉純一郎内閣で官房副長官を務めた際に拉致問題で注目を集めて国民的人気を獲得し、小泉に抜擢される形で自民党幹事長、内閣官房長官を歴任。二〇〇六年には、五十二歳の若さで内閣総理大臣に就任する。だが、第一次政権では、相次ぐ閣僚のスキャンダルや消えた年金問題などで支持率が低下、参院選で歴史的惨敗を喫した後、持病を悪化させてしまい、わずか一年で退陣に追い込まれた。

その後、安倍は捲土重来《けんどちょうらい》を期して、政界のみならず在野の様々な分野の人たちから教えを請《こ》い、雌伏《しふく》の五年間を過ごした。そして、二〇一二年九月に自民党総裁に返り咲き、その年の十二月には総選挙で自民党を大勝に導き、第二次政権を発足させた。以来、七年八か月にわたって首相を務め、首相通算在職日数、首相連続在職日数ともに歴代最長となった。

この間、安倍は民主党が沖縄の米軍普天間飛行場の辺野古移設をめぐる問題で信頼を失った同盟国アメリカとの関係修復に努める一方で、地球儀俯瞰《ふかん》外交を掲げ、アジア、ヨーロッパ、アフリカ、オセアニアなど、ありとあらゆる地域や国々との交流を深めた。台頭する中国を見据え、安倍が主導してアメリカとインド、オーストラリアとＱＵＡＤ（日米豪印戦略対話）という協力枠組みも構築した。Ｇ７（主要七か国首脳会議）やＧ20（金融・世界経済に関する首脳会合）の場でも中心的な役割を果たし、様々な問題で関係国の仲介役を務めるなど、世界における日本のプレゼンスを高めた。

国内ではアベノミクスを推進して日本経済を再生させる一方で、タイミングを見計らった上で二度の消費税率引き上げも断行した。二〇一五年には野党などからの批判を浴びながらも自衛隊法などを改正して平和安全法制を整備した。また、天皇陛下の生前退位に伴う代替わりという難題も無事にこなした。

私は二〇〇二年に官房副長官だった安倍の番記者となり、以来二十年にわたって取材者として安倍と向き合ってきた。政治記者として、私は直接苦言を呈したこともあれば、一刻を争い特ダネを入手すべく追及姿勢を強めることもあり、最高権力者である安倍との間で、立場が異なるがゆえの衝突も多々あった。言い合いになり、しばらく険悪になったこともあった。だが、粘り強く説明を重ねると、安倍も理解を示し、関係を保ってきた。

安倍の政治家人生は本当に山あり谷ありの連続で、取材者としても心が休まる時がなかった。その中で、二度の首相退陣劇を目の当たりにしたことは、私の記者人生の中でも筆舌に尽くしがたい苦い体験だった。その一方で、安倍が雌伏の五年間を経て、日本の憲政史上最長政権の総理大臣へと変貌《へんぼう》していく様を間近で見届けることができたのは、記者冥利《みょうり》に尽きる体験でもあった。今にして思えば、政治家と記者という関係でありつつも、終盤では戦友のように感じながら日々の取材をこなしていたのかもしれない。

安倍は二〇二〇年九月に持病の再発により二度目の退陣を余儀なくされたが、体調が回復してからは三度目の登板も見据えつつ、精力的に活動を再開していた。一年前に凶弾に斃れたのも、依頼が殺到していた参議院選挙での応援演説の場であった。テロ行為によって自らの身体に銃弾が撃ち込まれ、意識が薄れゆく中で安倍は何を思ったのだろうか。もし自身の政治家としての役割が終わったことを自覚していたとしたら、その悔しさは計り知れない。

二〇二二年九月に行われた安倍の国葬をめぐっては、野党を中心に国葬を実施することへの反対の声が高まった。安倍の死後に旧統一教会と自民党の政治家との関係が次々と明らかになったことで、岸田政権の支持率は急降下した。だが、国葬当日、会場となった日本武道館近くの九段坂公園に設置された献花台には、朝早くから多くの国民が行列を作った。最終的には数キロにわたる行列となり、二万五千人を超える人が献花に訪れた。

国葬の会場では、安倍を長年官房長官として支えた前首相の菅義偉《すがよしひで》が弔辞を読んだ。その中で菅は、安倍の議員会館の部屋にあった読みかけの本『山県有朋《やまがたありとも》』(岡義武《よしたけ》著、岩波書店)について触れ、安倍がペンで線を引いてしるしをつけていたという、山県が長年の盟友だった伊藤博文《ひろぶみ》を偲んで詠んだ次の歌を紹介した。

「かたりあひて　尽しゝ人は　先立ちぬ　今より後の　世をいかにせむ」

安倍の生前、私も議員会館の部屋でこの本を見かけたことがあった。安倍は以前、JR東海の葛西敬之《よしゆき》名誉会長からこの本を薦められて読んでいた。この年の五月に葛西が亡くなり、六月に行われた葬儀で安倍が弔辞を読む際に葛西を追悼する言葉として山県の歌に印をつけていたのだ。その歌が、まさか自身への追悼の歌になろうとは安倍も想像だにしていなかっただろう。

私は常々、安倍は同じ長州出身の伊藤博文に似たところがあると感じていた。伊藤は吉田松陰《しょういん》の松下村塾に学び、幕末にはイギリスに留学して開国論者となる。明治維新後、大久保利通《としみち》のもとで頭角を現していき、一八八五年に初代内閣総理大臣に就任した。明治憲法制定に尽力し、その後も三度首相に就任している。初代韓国統監を務めた後、中国のハルビン駅で韓国の独立運動家・安重根《あんじゅうこん》に銃撃され死亡したという最期も、安倍に通じるところがある。

国葬では首相の岸田が、葬儀では長年の盟友関係にあった元首相の麻生太郎が弔辞を読んだ。いずれも唯一無二の政治家であった安倍を追悼する言葉にあふれたものだった。そして、十月には安倍に政権を奪われた元首相の野田佳彦《よしひこ》が国会で追悼演説を行った。

野田は、天皇陛下の生前退位の環境整備について安倍と密かに議論した時の体験を踏まえ、こう語った。

「私が目の前で対峙した安倍晋三という政治家は、確固たる主義主張を持ちながらも、合意して前に進めていくためであれば、大きな構えで物事を捉え、飲み込むべきことは飲み込む。冷静沈着なリアリストとして、柔軟な一面を併せ持っておられました。

あなたとなら、国を背負った経験を持つ者同士、天下国家のありようを腹蔵なく論じあっていけるのではないか。立場の違いを乗り越え、どこかに一致点を見出せるのではないか。以来、私は、そうした期待をずっと胸に秘めてきました」

安倍が保守政治家であることは論を俟《ま》たない。だが、野田が言うように、安倍は確固たる主義主張を持ちながらも、外交でも内政でも様々な意見に耳を傾け、リアルな判断を行う政治家だった。それは、第一次政権での失敗を踏まえ、雌伏の五年間を経た第二次政権で見事に洗練されていった。私は記者としてその過程を誰よりもつぶさに見てきたつもりだ。

安倍晋三という政治家については、これまでも賛否両論、様々な評価がなされてきた。保守政治家としての安倍を手放しに礼賛するものもあれば、リベラルの立場から安倍の思想信条や政策を厳しく批判するものもある。二〇二三年二月に生前の安倍へのインタビューをまとめた『安倍晋三回顧録』（中央公論新社）が刊行されると、やはり安倍が語る内容への賛否が渦巻いた。

安倍の死後、旧統一教会の問題がクローズアップされたことで、安倍という政治家が何をしてきたのか、安倍が首相になって日本をどのように導いてきたのか、それは日本や国際社会にとって有益だったのか否か、ファクトに基づく冷静な総括が少ないように思う。

おそらく、安倍晋三という政治家は現代日本では不世出の政治家であろう。

後年にその実績を検証、評価するためにも、政治家・安倍晋三、そして人間・安倍晋三が駆け抜けてきた軌跡を辿り、安倍の実像を書き残すことが私の使命だと考える。

なお本文中の敬称は一部を除き省略し、登場人物の肩書は当時のままとした。

装丁　鶴丈二
カバー装画　西口司郎
ＤＴＰ　ローヤル企画

第1章 第二次政権への夢

令和4年9月27日の国葬儀で献花する岸田首相
（写真　内閣広報室）

二〇二二年七月七日、永田町付近のオフィスで原稿を書いていると、携帯電話が鳴った。液晶には「安倍晋三」の四文字。午後十時二十七分のことだ。

ＮＨＫの政治部記者だった私が、安倍の担当になったのは二〇〇二年、小泉政権の官房副長官時代からである。以来二十年にわたり取材を続けているが、ここ数年、特にコロナ禍では、電話でのやり取りが日課と化していた。多い時は一日に複数回、取材のために電話をかける時もあれば、安倍が情報収集や雑談をするためにかけてくることもある。時間帯は決まって午後十時三十分頃から深夜零時の間だった。

この日、最初の話題は、辞任を表明したばかりの英国のボリス・ジョンソン首相についてだった。安倍は二〇一九年にジョンソン首相との首脳会談に臨み、Ｇ７などの場でも顔を合わせている。電話口の向こうで感慨深げにこう語った。

「ジョンソン首相の辞意は、今後のアジア太平洋地域への影響を考えれば残念だね。内政が相当きつそうだったから、仕方ないのかもしれない。北朝鮮による拉致問題への対応を真っ先に支持してくれたし、日本にとって貴重な友人だった」

暗殺前夜、統一教会に言及

一方の私は、あることで安倍に聞きたいことがあり、こう切り出した。

「井上さんが旧統一教会で『祝福』を受けたとの情報が入りました。事実ですか。どういう経緯だったのでしょうか……」

「井上さん」とは、第一次内閣で安倍の秘書官を務め、この七月の参院選に自民党比例代表の枠で出馬していた井上義行のことだ。この電話の二、三日前に、旧統一教会と接点が生まれたとの噂を耳にしていた。

「そうだね……」

言葉少なに安倍は答えた。

長きにわたり取材を続けてきたが、安倍の周囲で「旧統一教会」の名前を聞いたのはこの時が初めてだった。

私はその時、表現しがたい違和感に襲われた。というのも、私が大学に入学した際、自治会や学部の先輩などが、旧統一教会の下部組織である「原理研」に対して、徹底した注意喚起を行っていたことが思い出されたからだ。

また当時、同級生とその家族が、同団体に苦しめられた経験も鮮明に蘇った。正直なところ、四半世紀以上の時を経ていたこともあり、それまでは団体の存在すら忘れていた。

安倍は私の問いにこう答えた。

「私自身は、さほど関与していないから……」

二〇二一年九月、安倍は旧統一教会の友好団体「天宙平和連合」のイベントにビデオメッセージを寄せている。旧統一教会の信者だった母親が多額の献金を行ったことで家庭が崩壊した山上徹也被告はこの映像を見て「殺害を決意した」と供述した。安倍は日頃から、多忙を極める中でも会場に駆けつける場合と、逆にビデオメッセージだけで済ませる場合がある。こうした使い分けで交流関係に違いを出し、ある種の距離感を滲ませていた。

その上で安倍の言葉を振り返ると、祖父・岸信介の時代における旧統一教会との経緯や、米国との関係などを踏まえつつも、徐々に距離を置こうとしていた様子が窺われた。ただ、私との電話ではこの話題は結局それ以上続くことなく、参院選の情勢や、安倍が会長を務める派閥「清和会」の現状などについて話をした。

「また明日」と言ったが……

この時、安倍は選挙や政局は生き物であり、常に急変の危険性を孕《はら》むことを指摘した。その言葉を聞いて気になった私は、つい第一次政権と第二次政権、過去二度の安倍の退陣がどれほど私に衝撃を与えたか、口にしてしまった。すると安倍は「心配しなくても、もう、そういうことはありませんよ」と早口で遮《さえぎ》った。

ひとしきり話を終えると、安倍は「もうこんな時間だ。明日も遊説がある。また明日」と言って電話を切った。

これが生涯最後の会話になると、誰が予想できただろうか。

その翌日――。七月八日午前十一時三十五分。奈良市内で遊説中の安倍が銃撃されたという一報を受けた瞬間、目の前が真っ暗になり、全身が脈打つような錯覚に襲われた。

安倍は政治家の中でも屈指の強運の持ち主だった。二〇一六年五月に開催された伊勢志摩サミットなど、ここぞという場面では雨の予報を裏切って雲を散らし、晴天を呼び込んだ。

「志半ばで命尽きるはずがない」

冷静さを取り戻すために、何度も自分にそう言い聞かせた。二〇〇七年九月、第一次政権の退陣直後、失意による自殺説が流れたことがあった。その時も安倍は入院先でこっそり私からの電話に出て、か細い声で応じた。きっとあの時と同じだ。「本当に大変だった。危ないところだった」と軽口を叩くに違いない。藁《わら》にもすがる想いで電話を鳴らし続けたが、二度と通じることはなかった。

警察への不満を口に

今になって安倍とは寿命や運命の話をしたことが思い出される。

「親父（晋太郎）は六十七歳で亡くなって、総理になる夢を見ながらも幹事長で終わってしまった。岩に爪を立てて登っている最中のまさに無念の死だった。親父から残りの運を授かったことで、私は総理になれたのかもしれない」

安倍の父親である安倍晋太郎は一九九一年五月に六十七歳の若さで病に斃れている。そして、安倍もまた父と同じ六十七歳で非業の死を遂げた。「また明日」と、電話口で聞いた安倍の最後の言葉を頭の中で反芻《はんすう》するたびに、今回の事件を防ぎ、安倍の運命を変える手立てはなかったのかと考える。

四十九日法要が営まれた八月二十五日、警察庁は奈良県警の杜撰《ずさん》な警備体制の問題点を検証結果として報告した。ただ、問題は、地方警察の警備の限界という点だけに集約されるのだろうか。安倍はこれまでにも、自宅に火炎瓶を投げ込まれたり、刃物やガソリンを持った人物が敷地内に侵入するなどの被害に悩まされ続けてきた。こうした事案の真相究明を進めているとは言いがたい警察の体質に、折に触れて安倍が不満を口にしていたのも事実だ。

テロや無差別殺人事件が起こる際には必ず〝前兆〟がある。今回の事件も例外ではない。確かに組織に属さないローンウルフ型と呼ばれる単独犯は事前に察知するのは難しいとされるが、山上被告はＳＮＳで事前に犯行をほのめかしている。

例えば諸外国が積極的に取り入れている「ＯＳＩＮＴ」（公開情報分析）を駆使して、事前に危険性を察知していれば、また違う結果になっていたのではないか。テロの脅威が国際社会で深刻化する中、日本警察の情報分析や警備の遅れが悔やまれてならない。

安倍に食い込んだきっかけ

先にも書いたように、私が安倍の番記者になったのは二〇〇二年、官房副長官時代からだ。ちょうど小泉純一郎が同年九月に北朝鮮を電撃訪問する二か月前。当時の安倍は対峙しても、こちらを一瞥《いちべつ》するだけで多くを語らず、掴みどころのない政治家という印象だった。なかなか距離が詰まらないことに焦り、上司に「担当を替えてほしい」と直訴したこともある。

取材のために安倍の自宅に電話をかけるのも気が進まなかった。「あなた、岩田さんからお電話ですよ」と昭恵夫人が取り次ごうとすると、

「『いない』と言って！」

と電話口の向こうから不機嫌そうな安倍の声が聞こえてきたものだ。電話を取っても「何の用？」と不愛想な様子。「これは一筋縄ではいかないな……」と私は暗澹《あんたん》たる気持ちになった。

取材先から核心情報を入手できるようになることを、マスコミの業界用語で「刺さる」と表現するが、当時の私には、安倍に「刺さる」ことは到底難しく、取りつく島もない状況だった。

ただ、私がかつて法務省を担当し、当時、東京地検特捜部が手掛けていた清和会（当時は森派）所属の坂井隆憲《たかのり》衆議院議員への政治資金規正法違反や秘書給与の詐取をめぐる捜査の読み筋などで若干の知見を得ていたことに、安倍は興味を示し始めた。それを契機に、少しずつ会話を交わ

す回数が増えていった。

結局、二十年にわたり取材を続けることになったわけだが、膨大な回数の会話を重ねてきた。安倍は一度懐に飛び込むと気さくな素顔を見せる。

ともに睡眠時無呼吸症候群に悩まされていた時は、治療機器のＣＰＡＰの操作方法や翌朝の熟睡感などを細かく尋ねてきた。また電話中に突然、地震が起きると「きたきたっ、これはかなり揺れるぞ！　そちら、家具は大丈夫？」と実況中継のような反応を見せたりもした。たわいないやり取りだが、どの場面も鮮明に覚えている。

私が体調を崩して入院や手術などを経た際には「運動量を増やして筋肉をつけないとね」と健康を気遣ったり、最近では、取材で出会ってから二十年の歳月が流れたことを懐かしむ言葉を口にすることもあった。そうした折、「岩田さんが私より先に逝ってしまった場合は、葬式を仕切ってあげるから、あまり将来を心配し過ぎない方がいい」と冗談めかして、温かみのある言葉をかけてくれることもあった。

死後多くの人が語っているが、愛嬌のある素朴な人柄が「人間・安倍晋三」の魅力だった。

日々の電話に加え、渋谷区富ヶ谷の自宅や議員会館、総理公邸……、安倍が外遊する際には同行取材を行い、国内外あらゆる場所で取材を重ねてきた。それは第一次政権退陣後、五年にわたる雌伏の時期も間断なく続いている。そうした取材成果は「ＮＨＫスペシャル」や特番に加え、月刊誌「文藝春秋」でも折に触れて伝えてきた。

七年八か月に及ぶ歴代最長政権を築いた安倍の肉声を報じることは、今後の日本政治における重要な判断材料になると考えてのことだ。

「台湾有事は五年以内に起こる」

実は、安倍には「見果てぬ夢」があった。もう一度、総理大臣の座に返り咲くことである。安倍は二〇二〇年九月に体調悪化を理由に二度目の総理の座を退いていたが、その後、目を見張るような回復ぶりを示し、岸田政権発足後の二〇二一年十一月には派閥に復帰して清和会会長に就くなど、精力的に活動を再開していた。

仮に「第三次安倍政権」の発足があるとしたら、二〇二四年を念頭に置いていた。国内外で同時多発的に波乱が起きると踏んで、着々と準備を進めていたのだ。

菅政権下、二〇二一年三月十七日の夜のことだ。安倍は富ヶ谷の自宅に麻生太郎を招き、二人で酒を酌み交わしていた。麻生は第二次安倍政権で副総理兼財務大臣として官房長官の菅義偉とともに安倍を支え続け、安倍退陣後も菅内閣で副総理兼財務大臣を続投していた。政治観を微妙に異にしながらも、長年の盟友である麻生と安倍は肝胆相照らす仲だ。実はその晩、二人は「台湾海峡の有事は五年以内に起こるのではないか」と話している。

米国の力の空白を見据え、仮に中国が台湾への武力行使に踏み切るとすれば、バイデン大統領と台湾の蔡英文《さいえいぶん》総統の任期が切れて交代すると思われる二〇二四年から二五年の可能性も排除できない。これが安倍と麻生の共通認識だった。

沖縄、台湾、フィリピンを結ぶ第一列島線の軍事バランスにも平時から目を光らせており、第二次政権発足後、安倍は、秘書官に命じて極秘の机上訓練を度々行っていた。遅くとも二〇三〇年代には米中両国の軍事力が均衡状態となり、有事の際には、沖縄に米軍基地を置く日本が中国の攻撃の対象になる。その事態を念頭に、安倍は米軍が駆け付けるまでの日本の継戦能力も憂慮していた。

安倍が亡くなる一か月前、岸田政権は「骨太の方針」で防衛費をＧＤＰ（国内総生産）の二パーセントまで増額する方針を決めたが、これは安倍の強い意向を反映したものでもあった。

台湾有事が起きた場合、全世界の首脳と交渉し、陣頭指揮を執ることができるのは自分しかいない。そんな自負が安倍にはあった。だが一方で、「総理三選」について慎重な姿勢も崩さなかった。

「日本を守るために私が前線に出る必要が本当にあるかどうか。それは天が決めることだ。仮に自分が望まれるなら、自然と機運が高まり、私に対する熱気が一気に高まるはずだ。もし、そうならない場合はバックヤードで支えろということ。しっかり現職の総理大臣を支えるのが使命だ」

持病の再発

安倍が「総理三選」への意欲を燃やした背景には、任期を一年残す中で第二次政権の退陣を余儀なくされた悔恨の念がある。

二〇二〇年八月二十八日午後二時過ぎ。安倍退陣の意向がＮＨＫの速報で流れると、自民党本部や議員会館はたちまち報道陣で埋め尽くされた。この年の七月以降、安倍の重病説が一か月近くも乱れ飛び、その進退が注目を集めていただけに、熱気は近年に例を見ないほどだった。

退陣表明の三週間近く前、私は八月十日の電話で病状について安倍から初めて打ち明けられた。

「持病が再発してしまった。（睡眠薬の）マイスリーを飲んでいるが、なかなか眠れなくて困る。私が体調を崩してしまったから、秘書官たちがすごく落ち込んでしまったんだ……」

その声はいつもより暗さを帯びていた。持病とは第一次政権退陣の原因になった潰瘍性大腸炎のことだ。その瞬間、私の中には当時の安倍の沈鬱な表情が浮かび上がり、「退陣」の二文字が脳裏をかすめた。

四日後の電話でも苦しみの声を漏らしていた。

「多分、今が（症状の）ピークだろう。長年にわたり薬を多めに飲み過ぎてしまったことが原因かもしれない。これまでの八年間、全力疾走だったから」

二〇一二年の第二次政権発足以降、安倍は二〇〇九年に新薬として承認された治療薬アサコールに助けられながら、大腸の炎症をコントロールしてきた。また夜更かしがちだった習慣を改め、夜には携帯電話を別室に置き、定期的にジムで汗を流す生活を心掛けた。国会の会期中以外は首相公邸ではなく富ヶ谷の私邸に帰宅するようにし、夏季休暇は河口湖の別荘で友人たちと過ごすなど、意識的にオンとオフの切り替えに腐心した。腸の天敵はストレスであり、働き詰めだった第一次政権時代の教訓を踏まえた。

だが、八年近くに及ぶ長期政権を運営する中での負担が知らず知らずのうちに安倍の体調を蝕《むしば》んでいた。さらには二〇二〇年一月以降、新型コロナという未知のウイルスへの対応に追われるなど、前例のない難題が追い打ちを掛けた。

六月十三日の人間ドックで炎症を示す異常な数値が出たことで、医師から「秋に再検査を」と告げられ、七月中旬には安倍自身が持病の再発を明確に自覚する。一気に食が細くなり、体重が誰の目にも明らかなほど落ち始めた。重病説が流れ出すのもこの頃からだ。

七月二十二日、安倍は、ステーキ店「銀座ひらやま」で自民党幹事長の二階俊博、ソフトバンクホークス会長の王貞治らと会食した。安倍は大の肉好きで、普段はTボーンステーキをペロリと平らげる。だがこの日は、野球談議に花を咲かせる二階や王の笑い声に合わせながら、密かに肉をサイコロ状に小さく切るよう店主に依頼していた。七月三十日には政調会長だった岸田文雄とパレスホテル内の日本料理店「和田倉」で食事をしながら政局について幅広く意見を交わす予定だったが、一時間半で早々に切り上げている。

「十三年前の退陣と酷似している」

安倍は焦燥感を募らせた。八月六日の原爆の日に広島平和記念式典で記者会見に臨むが、広島空港や会見直前のトイレが異様に長く周囲を心配させた。翌日には足取りの重さも指摘される。もはや限界だった。

コロナ対応への批判も高まり、八月十六日の電話では珍しく、こんな気弱な心境を吐露《とろ》していた。

「日本は、『こいつは叩ける』と思った途端、みんなで襲いかかるような国になってしまった。いつからこんな国になってしまったのか。本来の美しくて優しく、しなやかな日本を取り戻したかったのに……」

今振り返ると、翌十七日こそが、安倍が退陣に大きく傾いた日ではなかったか。東京・信濃町にある慶應大学病院に検査で約七時間半も滞在。マスコミが殺到し「退陣間近」との憶測が飛び交った。

その夜、安倍はこう語った。

「今日、検査に行ってきたが症状が悪かった。実は、新しい薬があるそうで、これが効くかどうか。明日一日よく考えてみる」

新しい薬とは生物学的製剤と呼ばれる「レミケード」のことであり、検査後に二時間半にわたり点滴で投与していた。

安倍の声は極めて不安げだった。私は思わず、退陣を思い留まるべきだと直言した。

「あまり私を煽らないで。今日は睡眠剤を飲んで、よく眠ることにするよ」

安倍は、それだけ言うと電話を切ってしまった。すぐさま、激しい反省の念が込み上げてきた。

十三年前、安倍が退陣の可能性をほのめかした際、私は内閣改造を断行すべきとの意見を伝えた。それがかえって安倍の悩みを深めたようで、明らかに記者の領分を踏み越えた発言だった。以来、自分を「私は当事者ではない。一記者に過ぎない」と戒《いまし》めてきたはずだった。

退陣のタイミング

一時的に体調の改善は見られたものの結局、安倍は八月二十八日に退陣を表明する。新型コロナの感染拡大がピークアウトし、臨時国会で新たな首相が対応できるよう逆算して退陣のタイミングを計った。そこには「投げ出し」と批判された第一次政権の反省を徹底的に踏まえ、後進への道筋をつけることに腐心した形跡が見て取れた。

安倍は辞任会見で次のように語った。

「政治においては、最も重要なことは結果を出すことである。私は、政権発足以来、そう申し上げ、この七年八か月、結果を出すために全身全霊を傾けてまいりました。病気と治療を抱え、体力が万全でないという苦痛の中、大切な政治判断を誤ること、結果を出せないことがあってはなりません。国民の皆様の負託に自信を持って応えられる状態でなくなった以上、総理大臣の地位にあり続けるべきではないと判断いたしました」

そして、「総理大臣の職を辞することといたします」と述べた後、こう続けた。

「現下の最大の課題であるコロナ対応に障害が生じるようなことはできる限り避けなければならない。この一か月程度、その一心でありました。悩みに悩みましたが、この足元において、七月以降の感染拡大が減少傾向へと転じたこと、そして、冬を見据えて実施すべき対応策を取りまとめることができたことから、新体制に移行するのであればこのタイミングしかないと判断いたしました」

膨らむ総理三選への意欲

安倍の退陣表明を受けた総裁選では、安倍を官房長官として支え続けた菅義偉が岸田文雄と石《いし》破《ば》茂を大差で破り、安倍の後継となった。

「第三次政権に向けて、そろそろ始動という感じかな」

退陣表明からまだ一か月ばかりしか経っていない九月三十日のこと。安倍の不意を衝《つ》くような発言に驚かされた。

安倍は退陣を決めて以降、睡眠を十分に取り、ストレスのない生活を送ることで英気を養ったという。新薬レミケードが劇的な効果を上げ、数値もすっかり改善している。ただ、その時は冗談とばかり思い、私も真に受けなかった。

だが、その後、安倍の「総理三選」への意欲は少しずつ膨らんでいく。

二〇二一年二月。東京五輪組織委員会会長の立場にあった森喜朗《よしろう》が、評議会の場で「女性が入る会議は時間がかかる」と失言して辞任した。後任選びは難航し、一時は日本サッカー協会相談役の川淵三郎の就任内定が報じられるも、すぐさま撤回となるなど混迷を極めた。

森の後任選びの渦中で安倍の名前も挙がった。一部報道では森自身が安倍に打診したことを明かし、安倍は次期衆院選に向けて若手議員を支えるとの理由で断ったと報じられた。

だが、安倍は私にこんな真相を明かしている。

「森さんからは、『第三次安倍内閣をやるためにも、組織委会長の役職はやるな』と言われたんだ」

さらにはこうも語っていた。

「柔道の山下（泰裕・日本オリンピック委員会会長）さんからも依頼があったし、何より驚いたのは都知事の小池（百合子）さんからも頼みの電話があったんだよ。でも組織委会長に就けば自民党を離党させられる可能性があるから、やはり受けるわけにはいかなかったな」

実際、森の後任の組織委会長に就任した参議院議員の橋本聖子は内閣府特命担当大臣を辞任し、政治的公平性を保つために自民党を離党することになった。この時すでに、安倍は第三次政権への確たる希望を抱き、派閥ＯＢの森とも、その思いを一定程度共有していたことが見て取れる。

アデナウアーになぞらえる

同年五月三日に安倍はＢＳフジの「プライムニュース」に出演した。ちょうど菅内閣がコロナ対応の苦境に立たされ、一年間延期されていた東京オリンピック・パラリンピック開催の是非などをめぐって支持率低下に喘《あえ》いでいた頃だ。この番組で安倍は「菅支持」を表明しているが、これは清和会所属で自民党政調会長だった下村博文《はくぶん》が、同年九月に行われる予定の次期総裁選へ意欲を見せたことへの牽制《けんせい》も意図していた。

しかし、番組には視聴者から「第三次安倍内閣発足を期待している」とのメールが予想以上に届いた。安倍は「もう少しゆっくりしたい気持ちもあるけど、スタジオに百五十通以上もメールが寄せられたそうだ」と喜びを隠さなかった。

さらに岸田政権発足直後の同年十月の衆院選では、甘利明《あまり》、石原伸晃《のぶてる》、野田毅《たけし》など自民党の幹部やベテラン勢が軒並み小選挙区で落選し、若手候補者の当選が目立った。投開票日の晩の電話で安倍は「前回同様、自民党は夜に巻き返したけど、この結果は極端な傾向だな」と複雑な心境を滲ませる一方でこう呟いた。

「ドイツには『四十三歳のヒトラーが国を壊し、七十三歳のアデナウアーが再建した』という言い伝えがあるが、重い意味を持ってくるね」

第二次世界大戦中、若きヒトラーはドイツを混迷の底に陥れた。一方のアデナウアーはナチスの迫害から這い上がり、七十三歳で戦後東西に分裂した西ドイツの最初の首相に就任し、復興の舵を取っている。

安倍は自分をアデナウアーになぞらえていた。七十代を目前に控えた自分が、日本政治を再建するために首相の座に返り咲く。そんなイメージを安倍は思い描いていたのだ。

高市総理と上川官房長官

自身の「総理三選」に向けて、安倍が最も重要視したのが二〇二一年九月二十九日に行われた自民党総裁選だった。

コロナ禍で東京オリンピックがほぼ無観客で開催される中、菅内閣の支持率回復は見通せず、党内からは「菅降ろし」の風が吹き荒れた。結局、菅の苦境を尻目にいち早く名乗りを上げた岸田が総裁選を制したが、自民党に衝撃が走ったのは高市早苗の得票数の多さだった。当初は立候補に必要な推薦人の確保すらままならなかったが、蓋を開けてみると、国会議員票で高市は有力視された河野《こうの》太郎を大きく上回った。

背後には安倍の存在があった。総裁選から遡ること三か月。七月一日に、高市は安倍に「総裁選に出てほしい」と直談判している。

その瞬間、安倍は直感した。

「絶対に私が出馬しないことを見込んでの要請ではないか。つまり、高市は自らの出馬への支援要請を意図したのではないか」

だが、安倍にとって悪くない案だった。これまで女性が総裁選で、本命候補として絡んだことはない。女性としては唯一、麻生が勝利した二〇〇八年九月の総裁選に小池百合子が出馬しているが、麻生とは三百票以上も差をつけられている。

それから十年以上が経ち、ドイツのメルケル首相をはじめ、台湾の蔡英文総統、ニュージーランドのアーダーン首相など、世界ではコロナ禍で女性のリーダーが存在感を発揮していた。国際状況を鑑みても日本でも女性リーダーの誕生は待たれている。一方で安倍は、岸田にも総裁の道を開きたいと思案していた。

結論めいたものはすぐに出なかったが、この時、安倍はこう呟いた。

「高市で準備しなければ。女性なら彼女しかいない」

高市を推すことでどれだけ票を集めて自身の政治力を示せるか。安倍の狙いはそこにあった。再び自身が首相に返り咲く上での一つの試金石と言えるからだ。

しばらく様子見が続いたが、八月二十二日に、横浜市長選で菅が支援した元国家公安委員長の小此木《おこのぎ》八郎が、横浜市大医学部教授だった立憲民主党推薦の山中竹春《たけはる》に十八万票差で敗れる。そこから一気に「菅降ろし」の機運が高まった。だが安倍は「厳しいことになった」と周囲に漏らしながらも、「人間として菅さんを支持する」と言うに留めた。それは官房長官として支え、自分の退陣後に新型コロナウイルスのワクチン普及を進めた菅への恩義を意味する。他方で、目前に迫った衆院選での自民党惨敗を避けるべく、冷徹な判断も迫られていた。

八月末には自民党内で菅の続投を絶望視する見方が大勢を占め、安倍は岸田の動向を見極めながら高市推薦の準備を進める。一年前に菅に惨敗している岸田はいち早く出馬会見を開き、「総裁を除く自民党役員の任期を一期一年連続三期までとする」方針を表明し、五年以上にわたって幹事長を続けている二階俊博を切ると事実上宣言していた。一方で河野の出馬の可能性を横目に見据えながら、菅や小泉進次郎の動向も注視していた。本気でぶつからないと国民的人気が高い河野に岸田が飲み込まれる可能性がある。現実路線として岸田総裁の腹案もあった安倍は、そんな危機感を抱いていた。

八月三十一日夜、毎日新聞が「菅総理は九月中旬に衆院解散の意向」という記事をオンラインで掲載した。菅が総裁選から逃げて解散を行うという報道に自民党内はパニック状態になった。翌朝のぶら下がり取材で菅は報道を否定し、「解散はせずに総裁選を予定通り行う」と火消しに努めた。この日、小泉が安倍のもとを訪ね、こんな悩みを吐露している。

「私は菅さんに尽くしてきたので、これからも尽くします。しかし総裁選での惨敗は避けたい。

総理というのは辞める時、励ましてほしいのか、それとも、もう十分だと言ってほしいのでしょうか」

その答えとも言える考えを、この日、安倍は私にこう語った。

「明後日三日の臨時役員会か臨時総務会で、菅さんは退陣を表明するのではないか。総理大臣というのは、自分が『もう駄目だ』と思った時は、もう駄目なんだ」

風が激しく吹きすさぶ状況でも、総理は独り表に立って国民を導かねばならない。だが、自分の足が折れ曲がり、踏ん張れなくなった時は、そこが限界点を意味する。そんなことも安倍はよく言っていた。

ところが翌二日、安倍の予想を裏切り、菅は内閣改造と党役員人事を断行する方針を表明した。すぐさま安倍は「惨敗を避けたい」と悩んでいた小泉の顔が思い浮かび、「小泉が菅に『推薦人すら集まらない』と退陣を迫り、それが逆に怒りを買ったのではないか」と推測した。

その夜、安倍は麻生に電話をしている。麻生は「派として菅さんを支持するのは難しい」と口にした。一方で「高市は悪くない」とも語っている。この反応は安倍にとって意外だったようで、機嫌を良くして私に「高市総理に加えて、上川《かみかわ》陽子官房長官。女性二人が並ぶのも国際的で新鮮。良い布陣だと思わないか？」と政権構想まで語っていた。

「ガチンコでやらなければ」

九月三日、二転三転の末に菅は、自民党本部で開かれた臨時役員会で新型コロナ対策に専念するとの理由で、総裁選に出馬しない意向を表明する。

ここから安倍の凄まじい権力闘争が本格的に始まった。

その動きは早い。まず高市推薦の考えを清和会会長の細田博之に明言する。細田は清和会を岸田に一本化する考えでいたが、安倍はそれを止めた。加藤勝信官房長官の賛意も得て、さらには地元の歯科医師会や税理士会も回って高市支持を取り付けた。

ただ、清和会を離脱して党内で疎遠になっていた高市を支持する声は思うように広がらない。清風会（清和会内の参院グループ）を率いる世耕《せこう》弘成《ひろしげ》参院幹事長らも「このまま突っ走ったら、安倍さんが求心力を失いかねない」と危惧した。それでも安倍は構わず走り続けた。土日に自室に籠もってばかりいる高市本人にも「表に出ろ」と発破をかけた。

この頃、安倍は腹の底では高市の負けは見越しており、「最後は岸田で一本化する」と決めていた。だが高市の得票数が百を超えなければ、それは自分の政治力が衰えた証しであり、ひいては「総理三選」への道も閉ざされることを意味していた。

「これは権力闘争なんだ。ガチンコでやらなければ。最初から票を割り振っているようでは権力は摑めない」

安倍自ら議員に片っ端から電話をかけ続ける姿には気迫がみなぎっていた。

一方、総裁選不出馬に追い込まれた菅も現職総理の迫力を見せる。九月九日、安倍に電話をかけ「河野を本気でやる。一発で過半数をとります」と宣言してきたという。

それでも安倍の勢いは止まらない。二十一日には、参議院側の状況を尋ね、「清風会として、高市さんに出せるのは六票です」との否定的な返事をする世耕に対して「とにかく高市に票を出せ」と強い口調で指示を飛ばす。

二十五日には二階側近の林幹雄《もとお》らが安倍に接触。二階を衆院議長にできるなら、高市を支持する旨を伝えてきた。二階が本気だと捉え、安倍はその要求を呑む。一回目の投票から二階が高市を支持するのなら、インパクトは大きいと踏んだのだ。

ここまで来て安倍は高市の勝利は難しいものの、かなりの手応えを感じていた。

そして総裁選前日の二十八日。実はこの日、安倍は岸田と密かに会談をしている。二人は決選投票に向けた最終的な方針を固めたのだった。安倍は岸田にこう話を持ち掛けた。

「決選投票で岸田さんが残ったら、あなたに乗る。ただ高市が残ったら、高市に乗ってほしい。もし高市政権ができた場合は岸田さんに中心的な役割を担ってもらう。だが逆に岸田政権が発足したら、細田派（清和会）に重要な役割を担わせてほしい」

翌日の総裁選で高市は国会議員票では河野を上回り、目標となる百票以上を獲得した。岸田は善戦した高市を党政調会長で処遇する一方、河野を要職に起用しなかった。

また、衆院議長には二階ではなく細田が就任し、細田は派閥を離脱した。その後を受ける形で安倍が清和会に戻り、会長の座に就くことになるが、この岸田との密会ですでに安倍は岸田政権で影響力を行使する確約を得ていたことになる。

天を味方にする

「総理大臣だった時は人格攻撃も含めて辛いことが多かった。嫌なことは忘れるようにしている。逆にいつまでも恨みを抱いて仕返しをすれば、それはどこかで自分に返ってくる。政治は、いろいろな『策』を講じても、なかなかうまくはいかない。天が味方しなければ成就《じょうじゅ》しないものだ」

雌伏の五年を経て、第二次政権時は「天が決める」と、安倍は一種の大局観をもって政治に臨むようになった。ある時は自分の運勢について、こう語っていたこともある。

「人生は『円』や『丸』に似ている。凹《へこ》んだら次は丸くなる。満月はやがて欠けるし、逆に新月はいずれ満ちる。人間の運も同じで、月の満ち欠けのように良い時と悪い時を繰り返すんだよ。それは誰もが等しく平等なんだ」

第一次政権時代に、私は安倍からこのような発言を一度も聞いたことがない。その点はまるで別人に生まれ変わったようだった。ただ、これには前段がある。

二〇〇六年九月、安倍が小泉純一郎の後を継ぐ形で首相に就任した際に、小泉からこんな助言を受けたのだ。

「安倍くん、総理に大事なのは運を味方にすることだ。運をうまく転がすこと、それだけだ」

当時の安倍には小泉の言葉の意味がよく理解できていなかった。

第一次政権時代の安倍は、教育基本法改正や公務員制度改革など次々と難しい課題に着手する。だが閣僚らの「政治とカネ」をめぐる不祥事や辞任が相次ぎ、〇七年七月の参院選では小沢一郎率いる民主党に歴史的大敗を喫し、自民党結党以来、初めて参議院第一党の座を失った。政権運営中、いくらベストを尽くしても常に転げ落ちていく感覚が付きまとい、たった一年の短命政権に終わった。その時に初めて小泉の言葉の意味が理解できたという。

総理という役職にも安倍は独特の考えを持っていた。

「ポストは天からの預かりもの。特に総理大臣はそうだ。私心でポストを求めてはいけないし、私物化すれば何らかの形で自分に跳ね返ってくる。常に公の精神が必要で、国のためになるかを考えて人事を行わないと、必ずどこかで破綻する」

安倍は自身の権力に対して時に自制的であり、時に甘さも見えた。そのことは、後継の首相となった菅や岸田との関係性にも表れていたのではないか。

珍しい菅からの電話

退陣後の安倍は、菅とは付かず離れずの関係を保っていた。菅は二〇二〇年の総裁選出馬の意向を固める前には安倍に相談を持ち掛けている。安倍は菅を推すことで承諾したものの、岸田総裁への芽を摘みたくない気持ちもあった。だが結局は、長年にわたり自分の女房役である官房長官を務めた菅への恩義を優先した。

総理就任後の菅について、安倍から話題が出る機会は決して多くはなかった。

二〇二一年二月下旬、菅は安倍に電話をしている。ちょうど「週刊文春」が報じた放送事業会社の東北新社による総務省幹部への接待疑惑で、同社の社員だった菅の長男が批判の渦中にいた時だった。

「久しぶりに菅総理から電話があった。丸川（珠代《たまよ》）さんを五輪担当相にしてよかったと言っていたが、特に用事があるわけではないのに珍しいね。声は元気だったが、いろんなことで悩みを深めていなければいいけど……」

安倍も言うように、自身の退陣後、こうしたやり取りは稀《まれ》なことだった。時に不仲説も流れた二人。私が「菅さんとは政局の話をしないんですか？」と水を向けても、安倍は「総理とはそういうものだよ」と取り合わず、どこか菅に一任している雰囲気があった。だが、菅の方では、政権発足時に安倍の実弟である岸信夫を防衛大臣に抜擢するなど、閣僚や党役員の人事を行う際には、安倍の意向を気にかけていた節もある。

ただ、政策については大きく意見が分かれた場面もある。二〇二一年四月の訪米前に菅は安倍のもとを訪ねた。この時、菅は大統領就任から間もないバイデンと日米首脳会談でグリーン成長戦略について話し合うつもりだと伝えた。それに対して、安倍はこう助言をした。

「まずは日本の中国についての認識をバイデンに伝えないと駄目だ。大統領補佐官のサリバンはその辺りの事情を理解しているけど、バイデンは分からない部分があるから、彼の考え方を聞いておくことが大事だ」

四月十六日の首脳会談後に公表された日米共同声明では「台湾海峡の平和と安定の重要性を強調する」として、実に半世紀ぶりに台湾に言及したことが話題になった。実はこれも安倍が助言して盛り込まれたものだった。

岸田が本音を漏らした

一方の岸田は総理就任後も安倍としばしば交流していた。岸田には自身の政権が「安倍派と麻生派を基盤として成り立っている」との強い意識があった。そのため相談を持ち掛ける場面もよく見られた。

二〇二一年十月三日、岸田内閣初組閣の際には、重要閣僚である防衛大臣の岸信夫を続投させ、経済産業大臣に萩生田《はぎうだ》光一を就任させることを、本人たちよりも先に安倍に連絡している。

さらに翌日には安倍に電話で「十月十四日に衆院解散して、三十一日に投開票するつもりです」と相談。安倍も「総理主導でサプライズ的に決めたことは良いと思う」と応じたが、どの時点で岸田からの連絡や相談の数が減り、独自のリーダーシップを発揮するのかを見守ってもいた。

政権発足時に岸田が掲げた「新しい資本主義」に対して、「アベノミクス」を推進してきた安倍ならではの懸念を漏らすこともあった。当時、私にこう語っていた。

「岸田さんの言う『成長と分配』だけど、もちろん分配も大事だが、成長の部分をもっと強調すべきだと思う。そうでないと経済界や投資家に失望感が広がってしまう。投資家に対して『日本は買いですよ』と思わせないと。『過激な新自由主義は良くない』とだけ言えば十分なわけで、あまりに共産主義や社会主義的な要素を打ち出し過ぎると、投資マインドが落ちてしまうよ」

岸田は昔から人の悪口を言わない。安倍はそれが岸田の美点であると捉えていた。だが政治家としてはもっと本音でぶつかり合い、人間味を晒《さら》す必要がある。そうでないと共闘することも難しいとも感じていた。

珍しく安倍が岸田について嬉しそうに語っていたことがある。

二〇二一年十一月三十日のこと。官邸で安倍と岸田は外国人技能実習制度をめぐって議論を交わしていた。安倍は「移民政策を採らない日本としては、無期限の家族帯同を許可する二号拡大には、注意を払う必要がある」と助言をした。

ひとしきり話を終えると、岸田が突然、本音を漏らした。

「安倍さんは派閥の長として遇されているから、うらやましく思います。政権基盤という点でも、総理大臣として時にきついことがあります」

その時、安倍は「初めて自分の気持ちを打ち明けてくれた」と感慨深く思ったという。

もし今、安倍が生きていたら、政権発足から二年近く経とうとする岸田にどのような助言をしているだろうか。もしくは岸田との共闘から距離を置き、二〇二四年に想定していた「総理三選」への意欲をより強く示していたのかもしれない。

第2章 雌伏の五年間と歴代最長政権

平成24年12月26日、第二次安倍内閣が発足した
（写真　内閣広報室）

憲政史上最長を誇った第二次安倍政権だが、存続の危機に瀕した場面は何度もある。その一つが二〇一七年十月の衆議院総選挙だった。

この年は森友・加計《かけ》問題が燻《くすぶ》り続け、「魔の二回生」議員たちの不祥事が相次ぐ状況で、内閣支持率も一時は三〇パーセント台に急落していた。

九月二十五日の会見で、安倍は消費税の使途の見直しや、緊迫する北朝鮮情勢の対応をめぐって国民に信を問うと表明。「この解散は『国難突破解散』です」と高らかに宣言し、衆院解散に踏み切った。だが、世間では政権延命のための「大義なき解散」と批判の声も上がっていた。

当時の安倍の前に立ちはだかった最大の壁は東京都知事・小池百合子だった。夏の都議選では小池率いる「都民ファーストの会」が圧勝し、自民党は大敗していた。〝小池劇場〟が日本中を席巻し、安倍が解散を表明したまさにその日、小池は「希望の党」を立ち上げ、国政に打って出たのだった。

「自民過半数割れ」「安倍退陣」「次は小池総理か！」などと謳《うた》う当時の報道からは、安倍が窮地に陥っていたように見える。また、安倍本人の携帯にも「大敗するから解散は撤回すべき」「二度目の政権交代になる」と解散に反対するメールが殺到したという。かく言う私も自民党の勝算は決して高くないと見ていた。

安倍が解散表明をした二十五日の夜、対面で取材する機会を得た。出会うなり安倍の落ち着き払った様子に私は面食らった。堂々とした表情を浮かべている。

「小池さんにこれだけ勢いがあって、自民党内には不安視する声も多数聞かれますが、解散に踏み切った決断に後悔はないのですか？」

そう聞くと、安倍はイチゴのショートケーキを頬張りながら、冷静な態度を崩さずにこう答えた。

「心配するような事態にはならないはずだ。私たちは正しいと思うことをしっかり伝え、実行すれば、国民に伝わるものだ」

小池新党は「瓦解するに違いない」

翌日以降は、前原誠司率いる民進党の議員たちが、希望の党に合流する動きが加速。安倍の存在感はますます薄れ、世間の注目は小池一人に集まっていった。だが、安倍が気にする素振りはない。二十八日、衆院解散当日にもかかわらず、日中国交正常化四十五周年の祝賀パーティーに出席している。それは、選挙での勝利を確信する安倍の自信の裏返しでもあった。

事態が急変したのは、翌二十九日。安倍が予言した通りの展開を見せたのだ。

「排除いたします」

記者会見の場で小池はこう明言した。記者から「民進党の前原氏が『（希望の党に民進党議員が）

公認申請すれば、排除されない』と発言した」と問われての回答だった。さらに小池は公認の条件として安全保障政策をはじめとする「政策協定書」への署名を求めている。それは事実上、民進党内のリベラル勢に〝踏み絵〟を強いることを意味した。

小池の発言に民進党内からは猛反発が起き、枝野幸男《ゆきお》らが立憲民主党を結成。国民も小池の上から目線の態度に失望し、それまでの勢いが嘘のように小池新党は急激に失速していった。十月二十二日の投開票日、蓋を開けてみれば、結果は自民党の圧勝だった。与党で三分の二を超える三百十三議席を獲得したのだ。

小池の自滅に救われたように思えたが、後日、安倍に当時の心境を尋ねると、こう明かした。

「小池さんの政治家としての信条が『保守』である点がポイントだね。もし希望の党に駆け込んだ民進党の議員が一部だけに留まっていたら、我が党の脅威にもなっただろう。しかし、多数が合流するとなれば話は別だ。小池さんは一人一人に保守かリベラルか、自分の安保政策に賛成か反対かで線引きをして振り分けざるを得なくなる。結局、党のガバナンスが効かなくなり、瓦解《がかい》するに違いないと思っていた」

第一次安倍政権時代に小池は国家安全保障問題担当の首相補佐官を担い、政権末期には失言で防衛大臣を辞任した久間章生《きゅうまふみお》と交代し、女性初の防衛大臣にも就任している。その際に、安倍は小池の人並外れた勝負強さと、野望を感じとっていた。かつての安倍であれば、小池の勢いに押されるばかりで、これほど肝を据えて選挙に立ち向かえなかったはずだ。「透徹した政局観」と

「冷静沈着な人事」、この二つの要素もまた、第一次政権退陣後の「雌伏の五年間」で、安倍が培ったものだった。

第一次政権の「辞任ドミノ」

第一次政権が崩壊した大きな理由の一つに人事の失敗がある。安倍は長老議員らの要望も踏まえながら組閣したものの、当初から「お友達内閣」と揶揄《やゆ》された。さらに特筆すべきは、不祥事を起こした閣僚が立て続けに辞任する空前の「辞任ドミノ」に見舞われたことだ。

まず政権発足わずか三か月後の二〇〇六年十二月に、政府税制調査会会長の本間正明が官舎で女性と同棲していた問題で、佐田玄一郎行政改革担当相が事務所費問題で相次いで辞任する。

翌年一月には柳沢伯夫《はくお》厚労相が、女性を「産む機械」に喩《たと》える失言をし、批判の嵐が巻き起こる。当時、安倍は電話でこう語っていた。

「柳沢さんのことは一度庇った以上は、守るしかない。確かに『子供を産む機械』というのは人権意識に疑問符がつく発言で問題だが、本人はすぐに謝罪している。喩え話の中で咄嗟《とっさ》に使ってしまった言葉であって、悪質なものではない。それに柳沢さんは奥さんをリスペクトしていて、女性を蔑視しているとも思えない。本人がひたすら説明して謝り、私は厳しく言い続けるしかないんだ」

柳沢の失言は支持率低下の一因にもなったが、それでも安倍は庇い続け、柳沢は八月の内閣改造まで厚労相を務め続けた。任命責任者としての覚悟とも取れるが、政権へのダメージを食い止めるには、早期に辞めさせる判断もあったはずだ。この頃の安倍は人事において情に流されやすく、見通しが甘かった面は否めない。

続く三月には、松岡利勝《としかつ》農水相の事務所費問題に加えて光熱水費問題も発覚し、再び批判が噴出した。それでも安倍は私に「守るしかないね。野党にも事務所費の問題を抱える人はいるのだから、攻めきれないはずだ」となおも庇おうとしていた。

だが、メディアや野党の追及が過熱する中、五月二十八日、松岡は現職大臣のまま議員宿舎で首吊り自殺を遂げてしまう。通夜の後、悲しみに暮れながら、安倍はこう語っていた。

「WTO（世界貿易機関）の多角的貿易交渉では松岡さんが大変な仕事をしてくれたんだ。あの人が決断しなければできなかった。マスコミはそういうことを一切報じない！

警察に保管されている遺書には私宛ての文章もあって、『身をもって安倍総理に尽くします『安倍総理万歳！』』と書かれていたそうだ。可哀想に。純粋な人だった……」

同じ五月には、年金保険料の納付記録五千万件以上が不明になった、いわゆる「消えた年金問題」が発覚し、支持率の急落に拍車をかけた。

そして、現職大臣の自殺という衝撃的事件の余韻も冷めやらぬ中、大臣の辞任ドミノが続いた。七月には、広島、長崎への原爆投下について「しょうがない」と発言した久間防衛相が辞任。そして松岡の後任の農水相に就いたばかりの赤城徳彦《のりひこ》にも事務所費問題が発覚した。渦中にある赤城が顔に絆創膏やガーゼを張り、無精髭を生やして閣議に現れた、あの異様な光景を記憶している人も多いはずだ。

安倍は任命責任を厳しく問われるが、「（赤城に）急いで対応させれば済む話だ」などと、当初はまだ甘く構えていた。そして、そのまま雪崩れ込んだ七月末の参院選で歴史的な大惨敗を喫してしまう。さすがの安倍も八月に入ると、赤城の更迭を決断するが、もはや政権には立て直しを図るほどの余力は残っていなかった。

同月に内閣改造に着手し〝お友達〟と揶揄されていた塩崎恭久《やすひさ》に代わり、与謝野馨《よさのかおる》を官房長官に据えるも、あまりに遅過ぎると批判を浴びた。さらに九月には、ダメ押しのように、赤城の後任の遠藤武彦農水相が補助金不正受給問題で辞任している。

参院選前は私への電話で「マスコミは『退陣』などと馬鹿げたことを書いているが、信じられない。絶対にやめませんから！」と気を吐いていた安倍だが、九月には自らの潰瘍性大腸炎による体調不安も抱え、すでに限界を迎えていた。

「疲れ切った。参議院の演説で原稿を読み飛ばしてしまったから、またマスコミに書き立てられるんだろうか……。シドニーの内外記者会見では『職を賭して』と踏み込んだことを言い、退路を断ったつもりだ。それに『続けてください』と激励してくれる人も多いんだ」

九月九日、安倍はオーストラリア・シドニーで行われたＡＰＥＣ（アジア太平洋経済協力）首脳会議後に記者会見を開き、テロ特措法の延長問題に関して、海上自衛隊の補給活動の継続は国際公約であるとして「職を賭して」国会での法案成立に取り組みたいと述べていた。

この会話の二日後、二〇〇七年九月十二日、安倍は、退陣を表明することとなる。まだ五十二歳の若さだった。

「チーム安倍」がホテルの一室に

ここから安倍は「雌伏の五年間」を迎えることになる。安倍の胸には政局の読み誤りと、人事の失敗によって招いた「辞任ドミノ」、そして首相の伝家の宝刀である解散権を行使できなかったことが、悪夢のように深く刻み込まれていた。

退任後、体調回復に努めた安倍が将来の第二次政権を見据え、人事への考えを変えるきっかけとなった場面は二つある。一つは二〇〇八年八月六日のことだ。この日、六本木にある「ANAインターコンチネンタルホテル東京」の一室に、安倍を含む数人が集まった。第一次政権で内閣広報官を務めた経産省の長谷川榮一《えいいち》、首相秘書官だったやはり経産省の今井尚哉《たかや》、警察庁の北村滋、財務省の田中一穂《かずほ》らが参加した。

この年の春、長谷川は体調が回復してきた安倍を高尾山に誘った。安倍はその登山で多くの人から「頑張ってください」「応援しています」と声をかけられたことで、自信を取り戻した。この「雌伏の五年間」を象徴する高尾山登山に同行した「チーム安倍」と呼ばれる面々が揃った六本木の会合では、安倍の政治活動再開に向けた話し合いが行われ、各々が重要提言を資料にまとめて、安倍に渡している。

その中で最も安倍の心を惹き付けたのが、「保守の理念を主張するだけでなく、若者に根付かせることこそが重要だ」という提言だった。保守再生は安倍の政治活動の底流にあるが、それを実現するためには国民、中でも次代を担う若者の信頼を得なければならない。「国民の信を問う」との言葉で総理が発動する衆議院解散は、保守再生を実現する上で必要な国民の信頼を確認する場面であり、信頼を繋ぎ留める手段でもあるのだ。この時、提言を読んだ安倍は、一見当たり前とも思える大前提に改めて突き当たり、目が覚める思いだったという。以来、この考えが、第二次政権を貫く背骨となる。

盟友・中川昭一の急死

もう一つの転機は、安倍が第一次政権で政調会長に任命していた盟友・中川昭一《しょういち》の処遇をめぐる場面だ。

麻生太郎政権下で財務大臣だった中川は、二〇〇九年二月にローマで行われたＧ７財務相・中央銀行総裁会議の直後、呂律《ろれつ》が回らず、ひどく泥酔した様子で記者会見に臨んだ。後に「酩酊会見」と呼ばれる失態を演じ、国内外から集中砲火を浴びて、三日後には辞任している。

安倍は密かに心の中で、中川こそが保守再生を担い、将来の総理になるべきだと考えていた。それだけに酩酊会見の直後、安倍は中川本人に連絡し、辞任を思い留まるよう説得。麻生総理にも中川を辞任させないよう熱心に根回ししていた。

だが、ここで安倍ははたと気づく。

「いや、中川さん自身のためにも、一度退いてもらうべきなのかもしれない……」

自分が情に流され、冷徹な人事を断行できなかったからこそ、「お友達内閣」と揶揄され、「辞任ドミノ」を食い止められなかった。それが第一次政権の崩壊を招いた。愛情があるからこそ泣いて馬謖《ばしょく》を斬る。それが人事の要諦《ようてい》だと、改めて認識したのだった。

この年の八月、自民党は総選挙で民主党に大敗し政権交代を許したが、中川もこの選挙で落選し、議員の身分を失った。

そして十月、中川は五十六歳の若さで東京・世田谷区の自宅で急死する。この時、悲嘆に暮れた安倍はこう呟いた。

「保守再生のため、次は私がやらなければならないのかもしれない」

中川は安倍退陣後の福田康夫政権下の二〇〇七年十二月、平沼赳夫《たけお》ら保守系議員と「真・保守政策研究会」(二〇一〇年に、創生「日本」に改称)を設立して自ら会長に就任していた。安倍は中川の死後、故人の遺志を継いで二代目の会長に就いた。この時すでに安倍の心の中では総理再選を狙う意欲が芽生えていた。

　安倍に再チャレンジを誰よりも強く促してきたのが、後に官房長官として安倍を支えることになる菅義偉だ。

　二〇一二年九月の総裁選を前に安倍を銀座の焼き鳥屋に誘い、出馬の決断をさせるべく三時間かけて口説いて首を縦に振らせたのは、菅が国葬の弔辞で述べた通りだ。その菅が、民主党政権が発足して間もない頃、私にこう語ったことがある。

「私は必ず安倍さんの出番を作りますから。今、舛添《ますぞえ》（要一）さんの人気が高いでしょう。彼が総理になってもいいと思っているんです。その時に外務大臣として安倍さんが得意の外交で辣腕《らつわん》を振るい、総理再選への道を開くという手もあります」

　当時の舛添は自民党所属の参議院議員で、安倍、福田、麻生政権で厚労大臣を務め、次期総理候補として名前が挙がるほどの人気だった。だが、野党となった自民党で執行部批判を重ねた舛添は、自民党を離党して新党改革の代表に転じ、後に東京都知事選に出馬することになる。

「雌伏の五年間」のうち、とりわけ民主党政権時代は、舛添の動きに象徴されるような政界再編を睨んだ様々な動きが水面下で繰り広げられていた。

　二〇一一年の二月と四月に、安倍は民主党の小沢一郎と密会したと私に明かしている。東日本大震災の直後から菅《かん》直人政権の行き詰まりに備えて、民主党と自民党の大連立の話が浮上。そんな中、小沢は「菅降ろし」のために、野党の自民党と公明党が提出する内閣不信任案に同調して菅を退陣させようと画策していた。

菅退陣後の新政権を樹立するために、安倍と小沢が組むとの噂も、まことしやかに囁かれたが、安倍は「あり得ない」と言下に否定した。結局、菅が民主党代議士会で辞任を示唆したことで小沢も矛《ほこ》を収め、不信任案は否決された。

この頃の安倍は、翌二〇一二年九月に行われる自民党総裁選を見据え、どのような戦略を取るべきか模索していた。

「橋下徹総務大臣」構想

「維新の力を生かしていく道を考えたい」

総裁選を翌月に控えた二〇一二年八月、安倍は記者団にこう語っている。首相が菅から野田佳彦に代わった前年の秋頃から安倍は橋下徹《はしもと》と接触を重ねていた。当時、大阪府知事から大阪市長に転じ、「大阪都構想」を掲げていた橋下が代表を務める大阪維新の会の勢いは凄まじく、次の衆院選を機に国政進出を狙って新党の立ち上げを画策していた。一方の安倍も憲法改正など考えを同じくする維新の会と合流することで、政界再編での主導権を握りたいと考えていた。

例えば、二〇一二年三月十二日に、大阪の「リーガロイヤルホテル」で、安倍は、橋下や維新の会の幹事長を務める松井一郎大阪府知事、政調会長の浅田均《ひとし》に加えて、後に同会に入る元杉並区長の山田宏、元横浜市長の中田宏と会合している。安倍の話によれば、橋下は「いろいろと教えてください」と発言するに留めていたが、一方の松井は、より踏み込んだ腹案を伝えてきたという。

「私が〝接着剤〟になります。例えば、安倍総理と、橋下総務大臣兼大阪市長という形など、どうですか。今は勉強している最中ですが、自分たちが中央でというよりも、それにふさわしい人を探しているんです」

四月十三日には銀座のバーで、菅義偉や下村博文、衛藤晟一《せいいち》らも交えて、維新の会の面々と会合した。その場で松井から安倍に「今すぐにでも自民党を出て、私たちと一緒にやってほしい。その時は三百ある選挙区の公認もすべて自由にやってください」と強い要請があったという。だが、この席で安倍は答えなかった。

当時、人気絶頂にあった維新の会から、三顧の礼で迎えられたことに、安倍も嬉しそうな表情を浮かべていたのを覚えている。しかし結局、合流や離党の話は実現しなかった。安倍は私にその理由をこう話していた。

「本当にありがたい話でよく考えた。だが、私が病に倒れ、政権を投げ出したことで自民党を壊してしまったようなもの。野党になった自民党を捨てて、自分だけがいい思いをすることは、とてもできない。それでは先祖にも申し開きができない」

二〇一二年七月には小沢一郎の一派が民主党を離党し、民主党政権の先行きは不透明となっていた。この頃から、自民党の政権奪還を見据えて、前述した菅義偉を筆頭に安倍の総裁選出馬を望む声も高まってきた。だが一方で、安倍の出馬に反対する向きがあったのも事実だ。

当時、安倍、今井、田中、北村、そしてＪＲ東海の葛西敬之というメンバーで、大森にあるＪＲ東海の施設で会合を行っている。その場で葛西は「時期尚早だ」と安倍の出馬に反対しているのだ。葛西は安倍にとって保守主義の師とも呼べる人物であり、富士フイルムの古森重隆ら財界人で作った「四季の会」で安倍を支援するなど強力な後ろ盾だった。結局、大森の会合では、「チャンスは今しかない」と、今井がただ一人賛成するのみだった。葛西の言葉を無下にできず、安倍は逡巡していた。

菅の三時間にわたる説得や今井の賛成のほかに、最終的に安倍の背中を押したのが、当時幹事長だった石原伸晃が総裁の谷垣禎一《さだかず》に反旗を翻す形で出馬の動きを始めたことだった。この件で石原は「平成の明智光秀」とも称されたが、執行部から候補者を一本化できなかったことを理由に谷垣は出馬を断念。この時、私は、安倍が「そんなことをやるのか。谷垣さんは、野党時代を支えた功労者なのに……」と呟くのを耳にした。

そして、谷垣の無念を思い、安倍は候補者の中で最も遅い九月十二日にようやく出馬を表明した。結果、安倍は一回目の投票で一位だった石破茂を決選投票で破り、見事自民党総裁に返り咲いた。一方、橋下は同じ九月に国政政党「日本維新の会」を設立し、東京都知事を辞任した石原慎太郎を代表に迎えて戦った十二月の総選挙では衆議院で第三党に躍進する。

組閣は「常に最強の布陣で」

その二〇一二年十二月の総選挙で大勝し、民主党から政権を奪還した直後の安倍はこう語っていた。

「組閣の時には、常に最高の布陣で臨むべきで、『今回、この人は入閣させずに温存しておこう』という発想はないものだ。だから改造を重ねるたびに、どうしても内閣の体力は落ちてしまう」

その考えが奏功し、第二次政権発足以降、六百日以上も閣僚の交代がなく、戦後最長を記録していた。第一次政権での「辞任ドミノ」が嘘のようだった。

安倍の人事における手腕が問われるハイライトとなったのは二〇一四年だ。

安倍は総裁選で戦った石破を幹事長として処遇し、政権発足後も幹事長を続投させていた。そして二〇一四年九月に初めての内閣改造・党役員人事に着手する。この時に石破の処遇が最大の焦点となり、安倍と石破との間で諍《いさか》いが表面化する。

安倍は、この年の七月に行使容認が決まった集団的自衛権の法整備を担う「安全保障法制担当相」を新設し、防衛大臣と兼務する形で石破を迎えようとしていた。しかし石破に近い議員たちは、石破の幹事長続投を望んでいた。安倍の人事案は、翌年の総裁選で自分を脅かす石破を閣内に取り込み、「ポスト安倍」の動きを封じ込めるための策略だと警戒していたのだ。

八月五日に安倍は電話でこんなことを言っている。

「石破派の山本有二さんから電話があって、『石破を幹事長から外したら政局ですよ』と凄まれた。私は人事をめぐってゲームをするつもりはない。今、就いているポストでしっかり働いて、現状に甘んじることなく仕事で戦い、結果を見てもらうのが筋だろう。邪道なゲームをするのであれば、幹事長の処遇も考えなければならない」

一方の石破も、八月二十五日にTBSラジオの番組に出演した際、安保法制について「(首相と考え方が)違う」と明言した。「首相と考え方が一〇〇パーセント一緒の人が国会で答弁するのが一番いい」とまで発言して、安保担当相の打診を公の場で拒否してみせた。幹事長続投への意欲を明かしたのだった。

石破茂と「白黒つける」

石破の異例の発言は、政界に波紋を呼び、安倍も私に「まだ私と会う前なのに、ラジオで発信するとは、石破さんは一体どうしてしまったんだ」と驚きを隠さなかった。

ラジオ出演の四日後、八月二十九日に二人は会談している。石破はラジオでの発言を謝罪する一方で、安保担当相の打診は「九〇パーセントやりたくない」と固辞した。最終的には新設の地方創生担当相に就任することになるが、会談前日、安倍は私にある決意を打ち明けていた。

「二人の間では白黒つけるつもりだ。安保担当を打診して、断られたら『では、何をやりたいのか？』と礼を尽くして尋ねる。おそらく地方創生を希望されると予想しているが、曖昧な結論にはしない」

後日、安倍は石破の後任幹事長に総裁経験者である谷垣禎一を抜擢し、これが党内からも高評価を得る。党内対立を回避しながらも、石破を閣内に留め置く。政局を見据えた冷徹な人事が遺憾なく発揮された場面だった。

だが、この九月の内閣改造は別の問題を内包していた。入閣したばかりの松島みどり法相と小渕優子経産相に不祥事が発覚したのだ。松島は地元のお祭りでうちわを配布し、有権者への寄付を禁じた公職選挙法違反疑惑が国会で追及されていた。その直後、今度は小渕に政治資金規正法違反の疑惑が報じられた。この時、安倍は実に素早くダブル辞任に踏み切った。

小渕の政治資金問題を報じた「週刊新潮」の発売二日前の十月十四日、安倍は私への電話で「向こうに首を取られる前に、こちらで切る」と語っていた。安倍はイタリアで開かれるアジア欧州会議（ＡＳＥＭ）首脳会合出席のため、十五日に羽田を発ったが、安倍の意向を踏まえて、総理秘書官の今井や官房長官の菅が小渕と松島に辞任するよう話を付けていた。

この間、安倍は「決断は早い方がいい」「二人同時辞任はある種の驚きをもって受け止められるだろう」と口にしており、戦略的にダブル辞任に踏み切ったことが分かる。安倍の狙い通り、二人は十月二十日、同時に辞表を提出した。

かつて情に流され、ズルズルと辞任ドミノを招いた第一次政権の反省があったことは間違いない。また、敢えて二人同時に切ることで、マスコミが報じる機会を減らし、政権のダメージを軽減する狙いもあった。

実は十月十八日、先に触れたASEM首脳会合から帰国した安倍を今井が出迎え、公邸に向かう車に相乗りして重大な話し合いをしている。一つは小渕と松島の辞任の段取り。もう一つは翌十一月に衆議院解散を行うことだった。

安倍は民主党政権下で成立した消費税増税法に従い、二〇一四年四月に税率を八パーセントに引き上げていたが、翌年十月の一〇パーセントへの引き上げは、景気の状況を鑑みて難しいと感じていた。その場合は、増税を先延ばしにして解散に踏み切る。表向きは「十一月中旬に発表される第2四半期のGDP速報値を見て消費税の扱いを判断する」と繰り返していたが、実際はその前にほぼ話は決まっていた。

十月二十九日の時点で、安倍は谷垣に解散の考えを伝えている。谷垣は「私は消費税引き上げを言ってきたが、決めるのは総理です。選挙の準備でしたら大丈夫。諸々確認してあります」と即答したという。

問題は財務相の麻生をいかに説得するかだった。麻生は「解散は総理に任せるが、増税の先送りは駄目だ」と主張していた。十月三十一日には「会ってやってくれ」と言う麻生の手引きで、安倍は三菱ＵＦＪ、三井住友、みずほのメガバンク三行の頭取と面会している。三人はその場で

「総理、予定通り増税しないと、株価が下がります」と直談判している。この時、安倍は三人の背後に増税先送りに反対する財務省の存在を感じていた。

是が非でも麻生の賛成を得なければならない。安倍は今井と一計を案じた。十一月九日からAPEC、ASEAN（東南アジア諸国連合）、そしてG20の会議に出席するため、安倍は約十日間かけて、中国、ミャンマー、オーストラリアを外遊する予定だった。このうちG20には麻生も出席し、帰国する十七日はGDP速報値が発表される日だった。

まず、安倍に同行していた今井がミャンマーから急遽帰国。当時、財務省主計局長の職にあった田中一穂と交渉に当たっている。前述した通り、今井と田中は「雌伏の五年間」に六本木のホテルに集った「チーム安倍」の一員である。二人は、解散による増税先送りで増税法を改正するが、その際に景気が悪ければ、さらに増税を先送りにできる「景気条項」を取り外すとの約束を交わしたのだ。いわば財務省への説得材料だ。

続いて十七日、今井は財務省出身の中江元哉総理秘書官に、午前八時五十分に公表されるGDP速報値を、すぐさま、オーストラリアから帰国の途にある政府専用機にFAXするよう指示した。機内では安倍と麻生が会食していた。安倍が、受け取った速報値を見ながら、麻生を説得する算段だった。三時間に及ぶ機上での会談は、「景気条項」を取り外すという事前交渉が功を奏したようだ。安倍の麻生への説得は想定以上に和やかな雰囲気で行われ、麻生の了解も得ることができた。

そして、消費税率の引き上げを一年半先送りすることを掲げた解散総選挙の結果、自民党は議席数を減らしたものの、自公で三百二十六議席を獲得、三分の二を維持する勝利を収めた。この時も「大義なき解散」と批判されたが、決してその場しのぎの解散ではなかったはずだ。

その証拠に安倍は「米国の独立戦争のスローガンで『代表なくして課税なし』という言葉がある。昔から税は議会制民主主義の根幹であることに変わりはない」と重視していた。安倍の中には、支持率がいい時に解散するのではなく、苦しくても前に進むために解散をするとの考えがあった。また、財務省を筆頭とする増税論者を説得するには解散しかないとも考えていた。

ポスト安倍の処遇に腐心

安倍がここ数年の人事で腐心した点は、もっぱら菅と岸田、いわば「ポスト安倍」の処遇にあった。

第二次安倍政権における官邸のキーマンは間違いなく菅だった。第二次政権下では官邸の首相執務室で「正副官房長官会議」という非公式の会談が毎日行われ、ここで様々な重要事項が決められていた。安倍・菅のラインを軸に副長官三人、さらに秘書官の今井が参加し、いわば政権の最高意思決定機関の役割を果たした。

岸田政権でもこの会議を行い、踏襲しているが、うまく機能していないのが実情だ。政治は菅が、事務は官房副長官の杉田和博と今井による厳格かつ緻密な統制のもとで、連絡事項の漏れや混乱が生じなかったことが成功の秘訣だったと言える。

官僚の人事において菅が果たした役割も大きかった。安倍は、外交や防衛の分野における官僚の人事には詳しい。例えば、集団的自衛権の解釈変更にあたって、外務省の小松一郎駐仏大使を内閣法制局長官に据えたのは安倍の発想だった。一方、大阪地検特捜部の事件で、冤罪となり話題になった村木厚子を厚労事務次官に抜擢したのは菅の案だ。財務省、経産省、文科省、国交省など、内政における官僚人事に菅は誰よりも深く通暁《つうぎよう》していた。また、官僚の人事で菅は、二〇一四年に発足した内閣人事局を有効活用し、霞が関に睨みをきかせた。

安倍は菅に全幅の信頼を置き、菅もまた安倍に尽くす女房役として、官房長官の責務を果たした。

だが一方で、コロナ対応に追われ、第二次政権の最後の時期にあたる二〇二〇年の七月に、安倍はこんな複雑な心境を吐露していた。

「私の後継者をどうするか本当に悩ましい。本来なら岸田さんは敵がいないはずだが、同じ派閥出身の菅さんは、独自の人物評価を持っている。菅さんは、自民党を守っていくためには人格ではなく、求心力がある人がいいと言う。ただ、人格も非常に重要だと思うんだ」

安倍と岸田は初当選同期であり、若い頃から苦楽を共にしてきた。また第二次政権時代に、岸田は外務大臣や、党政調会長としての職務を忠実に果たし、その点を安倍も評価していた。ある時は「毒性の強かった安倍政権の後は、ホッとする岸田さんのような人がいいのかもしれない」と、少なからず岸田に靡《なび》く発言をする時もあったが、実際には結論を先送りにしていた。菅に恩義を感じながらも、岸田の芽も潰したくない、というのが安倍の本音だったろう。

「政治家の天運が落ちる」

二〇二一年十月の岸田政権発足時、党役員人事を決める岸田に安倍は「人事は相談しては駄目だ。みんな思惑があって言ってくるのだから」と厳しく忠言している。また、二〇二二年六月に岸田が、防衛事務次官の島田和久を二年の任期で退任させると決めた時には、安倍の元秘書官で信頼が厚かった人物なだけに「年末には安保関連三文書や防衛費の件も控えているのに、なぜこのタイミングなのか。国のための人事を仮に私物化する結果になれば、政治家としての天運が落ちてしまうことを心得なければならない」と憚《はばか》ることなく疑問を呈していた。

安倍は岸田への率直な期待を語ることもあれば、遠慮なく不満も口にした。一方で岸田は安倍の死後、反発を受けながらも国葬で安倍を見送っている。それらのことが二人の複雑な関係性を物語っていた。

安倍の死後、岸田政権は閣僚四人が辞任する「辞任ドミノ」に見舞われた。山際大志郎《だいしろう》経済再生相、葉梨《はなし》康弘法相、寺田稔総務相、秋葉賢也復興相……。辞任に至った理由はそれぞれだが、岸田の判断の遅さと見通しの甘さが指摘された。また、岸田が唱えた防衛費増額のための増税策には「議論が拙速」と反発の声も上がり、支持率が低迷した。まさに第一次政権の安倍と同じ道を辿っているように見えた。果たして安倍なら、岸田にどんな言葉をかけただろうか。

第3章 慰安婦問題と靖国参拝

平成27年11月、ソウルで朴槿恵韓国大統領と首脳会談を行う。
翌月に「日韓慰安婦合意」を交わした（写真　内閣広報室）

第一次政権の退陣からしばらく経った頃のことだ。その日、私は安倍と、共通の知人を交えた会食の席で鍋をつついていた。何かのきっかけで、安倍が自身の歴史観や外交問題を語り始め、韓国との「従軍慰安婦」問題についても率直な考えを明かした。

「譲れない一線は変わらない。ただ、いつまでもこの問題が原因で日韓外交の戦略を描けないでいるのはいかがなものか。もし私が再びリーダーになる日が来たら、その時は自分の責任でこの問題にピリオドを打つ。私が頭を下げることで解決したい。将来の日本人には、これ以上、十字架を背負わせたくないんだ」

その発言に私は衝撃を受けた。

慰安婦問題について、安倍は保守政治家ならではの確固たる信念を持っていたはずだった。

第一次政権時代から安倍は、「慰安婦は性奴隷だった」という世界にあまねく広まったイメージを払拭《ふっしょく》しようとしていた。一九九三年、自民党が下野する直前の宮澤喜一《きいち》政権下で、日本軍による強制連行を認め、「心からのお詫びと反省」の意向を表明した当時の河野洋平官房長官による「河野談話」の修正も考えていた。

そんな当時の安倍をよく知っていただけに、この「私が頭を下げる」という言葉が意外で、深く心に残った。だが、そこには第一次政権の失敗を踏まえ、徹底したリアリストへと変貌しつつあった安倍ならではの熟慮と計算があったのだ。

第一次政権時代の安倍は、あくまで理念を前面に押し出し、保守政治家のプリンスから脱し切れなかった面があったと思う。だが、屈辱の退陣を経験し、雌伏の五年間を経て二度目の総理に返り咲いた安倍は、まるで別人のように変貌を遂げた。政策の幅が広がっただけではない。以前はなかった、政治家としての強かさ《したた》、冷徹さ、さらに柔軟さをも兼ね備えるようになった。

特筆すべきは、歴史問題に対するリアリストとしての立ち居振る舞いだ。保守的な歴史認識を掲げながらも、国益を最優先し、相手国との良好な関係を築くバランス感覚。第一次政権では見られなかった姿勢だが、それが遺憾なく発揮されたのが、二〇一五年十二月に結ばれた「日韓慰安婦合意」に至るまでの過程だったと私は見ている。

この慰安婦合意は「最終的かつ不可逆的に解決」との文言が盛り込まれ、実際に履行されれば、何十年にも及ぶ議論に終止符を打つ画期的な内容だった。「戦後が終わった」「謝罪外交から解き放たれた」との評価の声も上がったほどだ。この章では、その変遷をつぶさに辿ってみたい。

「河野談話」を見直すべき

まず、改めて「慰安婦問題」を振り返ると、一九九一年八月、朝日新聞の取材に対して韓国人元慰安婦の金学順《キムハクスン》が「戦場に連行され、日本軍人相手に売春行為を強いられた」と証言。この告発を皮切りに、次々と元慰安婦が証言し「強制連行」や「性奴隷」のイメージが世界に広まり、日本は謝罪外交を余儀なくされた。

一九九三年の「河野談話」は、日本政府による慰安婦の実態調査の結果と政府の見解を述べたもので、「当時の軍の関与の下に、多数の女性の名誉と尊厳を深く傷つけた」として謝罪している。河野は会見の場で「強制連行」も認めたが、それを裏付ける資料は見つかっておらず、この談話は、内容の正当性をめぐって、長らく賛否両論の渦中にあった。

一九九五年七月には当時の村山富市《とみいち》政権が「女性のためのアジア平和国民基金」を設立。一九六五年の日韓請求権協定で日韓間の賠償請求の問題は解決済みであり、慰安婦問題も議論の余地はないとの立場を維持しながらも、日本政府はこの基金から、元慰安婦に対して償い金を支給するなどの対応を取っていた。

一方の韓国は日本との外交にあたって、謝罪を表明した河野談話を拠りどころに強気な姿勢を崩さなかった。ことあるごとに河野談話が政治カードとして利用されてきたとさえ言える。第一次政権発足時の安倍は、そんな状況を打破しようと意気込んでいた。

第一次政権で慰安婦問題が最も注目されたのは、政権発足から間もない二〇〇七年一月末のことだ。

米国のマイク・ホンダ下院議員らが「旧日本軍が若い女性を強制連行し、性的奴隷としていたことを公式に認め、(日本は)謝罪し、歴史的責任を受け入れるべきだ」という趣旨の決議案を議会に提出し、安倍に首相としての公式謝罪を求めたのだ。

ホンダ議員らの決議案の根拠となったのは河野談話であり、そのため、自民党内で「河野談話を見直すべき」との主張がされるようになった。同年三月一日には安倍も記者団を前に次のように発言している。

「（慰安婦の）強制性を証明する証言や裏付けるものはなかった。だから強制性の定義については大きく変わったということを前提に考えなければならない」

こうした日本側の言動に対し、韓国が猛抗議をし、瞬く間に波紋が広がった。ただ、その夜の電話では安倍はこんな真意も明かしている。

「安倍政権としてはとりあえず河野談話の見直しや変更はしないが、しかし、日本国の意志として、そのまま継承することはできない。将来に禍根《かこん》を残すことにもなる」

安倍は四日後の参院予算委員会で自身の発言の火消しをするように、改めて河野談話を継承する意向を表明した。ただ、その一方で「（米国の）決議案には事実誤認がある。決議があったからといって、我々が謝罪するということはない」「官憲が家に押し入って連れて行くという強制はなかった」など従来の考えも主張している。

当時の安倍は、連日の騒ぎに辟易《へきえき》した様子で、怒気を含みながら、こんな本音も漏らしていた。

「河野談話については、しばらくこれ以上の発言は控える。ただ、万が一、米国で決議案が可決されるのであれば、対応を考えねばならない。日本が過去に謝罪したことを逆手に取って、諸外国が『謝っているのは悪いことをしたからだ』と指摘してくることは看過できない」

さらに、三日後の三月八日の夜には再び電話で心境をこう吐露している。

「国際情勢を鑑みれば、河野談話は表向きは継承という方針を貫かざるを得ないが、事実誤認は放置できない。実は外務省が米国に対して『教科書でも慰安婦のことを教えている』などと、由々しき説明をしていることも分かってきた。これからは官邸と外務省とで戦略的な応答ラインを作って、米国に説明をしなければならない」

同盟国である米国との関係に苦慮し、自身の考えを封印せざるを得ない安倍の引き裂かれるような悩みが滲み出た発言だ。だが、米国からの批判の嵐も収まることはなかった。

訪米して「慰安婦の方々に申し訳ない」

そして迎えた四月二十六日の米国訪問。安倍は、米下院でナンシー・ペロシ下院議長らと一時間に及ぶ会談に臨み、その場でこう語った。

「私の真意や発言が正しく伝わっていないと思われるが、私は辛酸を舐めた元慰安婦の方々に、個人として、また首相として心から同情し、申し訳ないという気持ちでいっぱいだ」

これまでにない強い表現での謝罪だった。翌日のブッシュ大統領との首脳会談でも改めて謝罪の言葉を述べているが、一時は予算委の場で「謝罪しない」とまで答えた安倍の変節とも取れる発言だった。この時に安倍は、慰安婦問題をめぐって、自身の歴史認識と諸外国との関係を両立することの難しさ、歴史的事実を国際社会に正確に理解してもらうことの重要性を心に刻み込んだ。しかし結局、日韓関係を前進させることのないまま、第一次政権の退陣に追い込まれるのだった。

そして五年の月日が流れた――。

安倍は再び首相の座に返り咲き、二〇一三年二月の施政方針演説で、近隣外交の課題として北朝鮮との拉致問題や中国との尖閣諸島の領有権問題を挙げる一方で、韓国については「未来志向で重要なパートナーシップの構築を目指して協力していく」と前向きに言及している。自身の歴史認識を踏まえつつ、現実的な視点での熟慮を重ねた跡が窺える。自分が総理のうちに、日韓間に横たわる歴史問題にピリオドを打つとの覚悟が感じられた。

だが、当時、慰安婦問題の象徴とされる慰安婦像（少女像）が、韓国・ソウルの日本大使館前をはじめ、世界各地で次々と設置されていた。また、挺対協（韓国挺身隊問題対策協議会、二〇一八年に「日本軍性奴隷制問題解決のための正義記憶連帯」に改称）や国連の人権委員会の主張により、慰安婦が性奴隷であるとのイメージも世界的に定着するなど状況は芳しくなかった。

朴槿恵への同情と共感

安倍が施政方針演説を述べたのと同じ二〇一三年二月には、朴槿恵《パククネ》が女性初の韓国大統領に就任。朴は就任間もない「三・一独立運動」の記念式典の演説で「加害者と被害者という歴史的立場は千年の歴史が流れても変わることはない」と述べ、早くも強硬な姿勢を見せていた。

さらに翌二〇一四年は、日韓関係が悪化の一途を辿った年だったと言える。例えば、三月に、米国のオバマ大統領の仲介のもと、オランダ・ハーグで開かれた日米韓首脳会談の場でも、日韓関係の深刻な冷え込みが露呈した。笑みを浮かべて韓国語で挨拶する安倍に対して、朴は堅い表情を崩さず、視線も合わせないなど、異様な場面が報じられた。

この年の二月に、河野談話発表時に官房副長官だった石原信雄が衆議院予算委員会の場で「談話の根拠となった元慰安婦の証言の裏付け調査をしていない」「韓国政府と事前の擦り合わせがあったかもしれない」と証言。それを受けて、政府は河野談話の検証チームを発足させ、六月には報告書をまとめている。石原の証言を概《おおむ》ね認める内容となり、それが韓国を刺激し、朴からも「国家間の信頼を損ねる」と激しい反発を招く結果となった。

だが、安倍は動揺しなかった。むしろ朴の冷淡な態度は、あくまでも表向きのものに過ぎないと見抜いていた。私が取材する中でも、安倍の朴に対する印象は決して悪いものではなかったのだ。

朴槿恵の父・朴正熙《パクチヨンヒ》元大統領は親日派とされ、安倍の父・晋太郎とも仲が良かったことで知られる。朴は一九七四年に母を暗殺され、その五年後には父も側近に暗殺されている。安倍は朴の悲惨な境遇を気の毒に思ってもいたが、お互い政治家一族に生まれ、幼い頃から宿命を背負っていたことも念頭にあったようだ。

「私は、若い頃から何をやっても『アドバンテージがあるから』と言われがちだった。仕方のないことだけどね。言ってみれば、出掛ける時に、お手伝いさんに靴紐を結んでもらえるような環境で育ったわけだから。だからこそ、人一倍努力をし、結果を出さないとなかなか認めてもらえない面もあった。それぞれの人の辛さや苦しさは、同じ境遇の人にしか分からないものなんだ」

私の前で常々、そう語っていた安倍は、朴に一定の共感を抱いていたように見えた。安倍が官房長官だった二〇〇六年、当時、野党・ハンナラ党の代表だった朴は統一地方選の遊説で、突如、暴漢にカッターナイフで顔を切り付けられた。その時に安倍は朴に対し、両国間の協力を伝える見舞いの親書と、二十万円相当の神戸牛を贈っている。

実は安倍は韓国に絶えずシグナルを送り続けていた。そのことに気づいたのは、私が長年抱いていた疑問を本人にぶつけた時だ。「安倍さんの演説は、韓国に言及する部分だけが、いつも微妙に比重が違いますよね」。すると安倍は我が意を得たりとでもいった様子で「気づいた？　実はそうなんだ」と答えた。

毎年行われる施政方針演説や所信表明演説だが、それらを読み比べると違いが浮き彫りになる。例えば、先に触れた二〇一三年の施政方針演説では韓国と「未来志向で重要なパートナーシップの構築を目指して協力していく」と前向きだが、やや控えめにコメントしている。

だが、翌二〇一四年の所信表明演説では「最も重要な隣国である、韓国との関係改善に向け、一歩一歩努力を重ね」ると、より強い表現で具体的に言及した。さらに二〇一五年の施政方針演説では「韓国は、最も重要な隣国です。日韓国交正常化五十周年を迎え、関係改善に向けて話し合いを積み重ねてまいります。対話のドアは、常にオープンであります」とまで踏み込んでいる。

「戦後七十年談話」がもつ意味

韓国側も安倍のシグナルを敏感に察知していた。こうした巧みな戦略性も、安倍が第二次政権で初めて見せた側面だった。

韓国との慰安婦合意に向けて最も効果的なメッセージだったのが、二〇一五年八月十四日の「戦後七十年談話」だった。

この談話は、先の大戦への反省や、今後の世界平和への貢献の意向を安倍政権として新たに表明することを企図していた。同年の二月には、政治学者の北岡伸一《しんいち》や、国際政治学者の中西輝政《てるまさ》らをメンバーに含む有識者懇談会を立ち上げ、談話に向けて周到な準備をしている。

世間の注目はもっぱら、安倍が、戦後五十年の村山談話や戦後六十年の小泉談話を踏襲して、「植民地支配」「侵略」「痛切な反省」「心からのお詫び」の四つの文言を使うか否かにあった。紆余曲折のすえ発表された談話には「我が国は、先の大戦における行いについて、繰り返し、痛切な反省と心からのお詫びの気持ちを表明してきました。その思いを実際の行動で示すため、インドネシア、フィリピンはじめ東南アジアの国々、台湾、韓国、中国など、隣人であるアジアの人々が歩んできた苦難の歴史を胸に刻み、戦後一貫して、その平和と繁栄のために力を尽くしてきました。こうした歴代内閣の立場は、今後も、揺るぎないものであります」などと明記された。アジア諸国へのお詫びの気持ちや、歴代政権の立場の継承を明言するとともに、これまでの日本の貢献も改めて示すものだった。

ケネディ大使の反応

結果的には、四つすべての文言が書かれていたのだが、安倍自身は激変する国際環境において「同じことを書く必要はない」と考えていた。そのため先の大戦への「悔悟《かいご》の念」など、新たな表現も使われている。

一方で、実は発表直前の八月十一日、安倍は密かに談話の原案について、当時の駐日米国大使であったキャロライン・ケネディの感触を探っていた。ケネディは以前から、第二次政権において、過去の政府の談話を継承する安倍の姿勢を評価していた。安倍も日米同盟を重視する立場から、新しい談話の公表が、米国をはじめ海外にどのような影響を与えるかを懸念していた。原案の概要を把握したケネディは一言、こう述べたという。

「韓国にちょっと冷たいのではないか」

それはつまり、慰安婦をめぐる表現への指摘を意味した。ケネディの反応を踏まえ、最終的に談話には「戦場の陰には、深く名誉と尊厳を傷つけられた女性たちがいたことも、忘れてはなりません」や、「私たちは、二十世紀において、戦時下、多くの女性たちの尊厳や名誉が深く傷つけられた過去を、この胸に刻み続けます。だからこそ、我が国は、そうした女性たちの心に、常に寄り添う国でありたい。二十一世紀こそ、女性の人権が傷つけられることのない世紀とするため、世界をリードしてまいります」といった文言が記載されたのだった。

談話発表翌日の八月十五日、朴は「(慰安婦に対する)謝罪と反省を根幹とした歴代内閣の立場が、今後も揺るぎないと国際社会に明らかにした」と談話を評価する発言をし、一気に日韓双方の歩み寄りの機運が高まった。

韓国の卓袱台返しに激怒

この過程と同時並行して、実は水面下では政府高官による度重なる「秘密交渉」が行われていた。日本側は谷内正太郎《やちしょうたろう》国家安全保障局長、対する韓国側は李丙琪《イビョンギ》大統領秘書室長。この二人が約一年にわたり計八回もの交渉を重ねている。

二〇一五年四月には「アドレフ合意」と呼ばれる最終的に本国の了解を必要とする、交渉担当者同士の暫定的な合意も結んでいる。この時すでに、「日本政府は責任を痛感し、お詫びと反省を表明する」「日本政府の予算(後に十億円に決まる)で財団を設立し、癒やし事業を行う」「韓国政府は日本大使館前に設置された慰安婦像の移設に努力する」「両政府はこの問題が最終的かつ不可逆的に解決されたことを確認する」「両政府はこの問題について互いに非難・批判することを控える」など、同年十二月の正式な合意で表明された論点はこの時点で出揃っていた。だが、正式合意にこぎつけるまでには紆余曲折があった。安倍自身も合意内容の詰めの作業には厳しい態度で臨んでおり、秘密交渉の進捗にも気を揉んでいるようだった。

六月十三日にはこんな不安を私に明かしている。

「朴槿恵が『ワシントン・ポスト』で『歴史認識は日本との間で最終段階』と言っているが、どういう意図なのだろうか。確かに水面下で交渉を行ってはいるが、韓国側が信用できるかまだ分からない部分もある。あるいは外務省が私の訓令以上の譲歩をしているのだろうか」

だが、思わぬ形で安倍の不安は的中する。合意しかけた慰安婦問題が振り出しに戻りかねない事態が勃発したのだ――。

「これから六時間以内に結論を出さねばならない。このままでは日韓関係の根幹を揺るがす大問題になってしまうだろう」

外務省関係者によれば、七月初旬、杉山晋輔《しんすけ》外務審議官は、事前の日程調整もせずに突如、韓国に飛び立った。そして現地に着くや、焦りの表情を浮かべながら、金烘均《キムホンギュン》外交部次官補に直談判したのだった。

この年の五月、日本は長崎の軍艦島を含む「明治日本の産業革命遺産」の世界文化遺産への登録を申請していた。軍艦島は明治から昭和にかけて石炭採掘で栄えた炭鉱の島だが、韓国が「戦時中に朝鮮半島出身者が強制労働をさせられた」と登録に強く反発し、慰安婦問題とは別に両国の間で軋轢《あつれき》が生じていた。

登録にあたって日本が提出する声明文書に、韓国は、違法性を示す「forced labor（強制労働）」の表現を入れるよう主張した。その後の交渉で日本側が譲歩し、「forced to work」と記載することで合意していた。だが、六月末に韓国側が提示した草稿に再び「forced labor」の表現が入っていたのだ。日本政府は衝撃を受けた。土壇場になって卓袱台《ちゃぶだい》を引っくり返された形だ。

この事態に安倍は激怒した。この件の担当ではなかったものの、韓国に豊富な人脈を持つ杉山に事態の収束を託し、杉山は急遽、韓国に乗り込んだのだった。

「日本側は驚きを通り越して、驚愕している。非友好的な文言を使いたくないが、韓国に騙され、裏切られたと思っている。このままでは取り返しがつかなくなり、慰安婦問題の交渉や首脳会談ができない状況に陥るかもしれない」

こう韓国に強く迫った杉山の発言には危機感が滲み出ていた。別の事案とはいえ、両国でこの問題が拗《こじ》れれば、水面下で進んでいた慰安婦合意の交渉も頓挫することになる。熾烈《しれつ》な交渉の末に、韓国は改めて日本の意向を汲む形で合意し、七月には、軍艦島を含む「明治日本の産業革命遺産」の世界文化遺産への登録が無事に決まった。だが、この一件が後の慰安婦合意の交渉に影を落としたことは疑いようもなかった。

緊迫の日韓首脳会談

さらに別の課題もあった。日本の歴代政権は慰安婦問題について「道義的な責任を痛感する」との言葉を使ってきた。だが、日韓慰安婦合意を表明するにあたり韓国側が「法的責任」の文言を入れることを主張し、両国の間で鍔迫《つばぜ》り合いが続いた。

十月二十日夜の電話で、安倍はこう語った。

「事務方からは、慰安婦問題で韓国の譲歩を引き出すために『法的責任を認めてはどうか』という提案も出たが、後世に禍根を残すことはできない。谷内さんは水面下で懸命に交渉を続けているが、もし日本が正しい主張をしたことで、首脳会談ができなくなるなら、それでも構わない。谷内さんの交渉相手の李丙琪秘書室長の立場も、大統領府で厳しくなっていると聞くが、そのことは日本の国益とは関係ない話だろう」

結局、この問題は膠着状態が続き、なかなか解決の兆しが見えなかった。

そのような状況下で、ソウルで日中韓サミットが開催され、十一月二日には日韓首脳会談が行われた。実に三年半ぶりのことだ。直前の外交当局者の折衝では、韓国側が朴槿恵主催の昼食会を交換条件に日本に慰安婦問題での譲歩を迫る一幕もあった。日本側はこれを拒否。両国に再び険悪なムードが漂っていた。

後に安倍に聞いたところ、この首脳会談でお互いにかなり踏み込んだ発言をしたという。

朴は「(慰安婦問題が)年内に解決できなければ、この問題は永遠に続くことになる」と前向きな姿勢を見せた。一方の安倍は従来の日本側の立場を説明した後に、懸案事項だった「責任」の文言についてこう語ったという。

「ハイレベル協議で『責任』の文言をめぐって議論になっている。私たちは、国家責任や法的責任を負っていると世間に受け止められることを危惧している。この問題に無関係な将来の世代にまで、謝罪の宿命を負わせることはしたくない」

歴史問題に自分自身でピリオドを打ち、将来の世代には十字架を背負わせたくない——第一次政権退陣後、私に語っていた考えを、安倍は朴に対して率直に伝えたのだった。

朴はこう応じている。

「私たちとしても、最終的な解決を望んでいる。ハイレベル協議では一つ一つの文言に悩み、時間をかけて議論し、合意案を作った。このまま締め括ることが重要ではないか。合意案で提起されている問題についても、私たちとしては、責任をもって対応するので、どうか心配しないでほしい」

この時、安倍は、韓国の外交当局者たちに比べて、大統領である朴の方が遥かに覚悟を決めているとの印象を受けたという。

最終的に「法的」や「道義的」などの文言は付けずに「日本政府は責任を痛感している」との

表現で解決を図った。十二月二十八日、安倍は当時の外務大臣だった岸田文雄を韓国に派遣し、尹炳世《ユンビョンセ》外交部長官との共同記者発表の形で、日韓慰安婦合意を発表した。

「文在寅には期待できない」

その後、この合意が辿った経緯はよく知られている通りだ。二〇一六年七月に、日本政府は合意に基づいて設立された「和解・癒やし財団」に十億円を拠出。だが、韓国政府は一向に日本大使館前の慰安婦像を移設する動きを見せなかった。

さらに同年十月には朴槿恵の汚職スキャンダルが明るみに出る。崔順実《チェスンシル》という女性実業家を青瓦台に呼び込み、人事に関与させたり、彼女の実業団に便宜を図ったりするなど、様々な重大疑惑が発覚。朴は収賄や機密漏洩などの罪で弾劾訴追、失職し、逮捕された。

朴槿恵政権の崩壊により、韓国政府による慰安婦合意の履行は実質不可能な状態となった。さらに次の文在寅《ムンジェイン》大統領は「国民の大多数が合意を受け入れていない」「日韓合意は真の解決ではない」などと、一方的に慰安婦合意の破棄に向け、動き始めていた。

安倍には忸怩《じくじ》たる思いがあった。二〇一八年二月、安倍が平昌《ピョンチャン》オリンピック開会式出席のために訪韓し、その際に行われた日韓首脳会談で、安倍は文在寅に対して「日韓合意は国と国との約束で、政権が代わっても約束を守ることが原則だ」と強い口調で遺憾の意を伝えた。後日、安倍は私に、文についてのこんな評価を語っている。

「朴槿恵と違って、文在寅には政治家として期待できない。国家間の約束を遵守しないという行為は看過できない」

文は安倍の要求を受け入れることなく、二〇一九年七月に韓国は「和解・癒やし財団」を解散。これで合意は事実上、骨抜きになった。「最終的かつ不可逆的な解決」を誓った慰安婦合意は、あっけなく白紙化され、韓国は、またもゴールポストを動かす恰好となった。

その文在寅が五年の大統領任期を終え、二〇二二年五月に保守系の尹錫悦《ユンソンニョル》が大統領に就任すると、日韓関係は徐々に雪解けに向かい始めた。同年十一月にはＡＳＥＡＮ関連首脳会議が開催されたカンボジアで三年ぶりとなる日韓首脳会談が開かれ、二〇二三年三月には尹錫悦が来日。懸案だった徴用工問題では、韓国の財団が日本企業の賠償金の支払いを肩代わりする解決案が示され、岸田も韓国の提案を評価した。会談後、両首脳は銀座ですき焼きを食べた後、別の店へ尹の思い出の味というオムライスを食べに行く〝はしご会食〟で、友好をアピールした。慰安婦問題については、文が白紙にした慰安婦合意の履行を岸田が求めたが、現時点で尹がその要求に応じるかどうかは定かではない。

支持者からの靖国参拝の期待

「知識の深みなき保守政治家、というのは成り立たない。他方で、知性による観念だけの政治も意味をなさない。真の保守政治家は、常に勉強や研究を重ね、連綿と続いてきた日本の素晴らしさや、美しさを深く理解し、先人たちの歴史の遺産をしっかりと守っていくもの。不動の視座が必要だ」

保守とは何かと問われた安倍は、常々こう語っていた。憲法改正を悲願に掲げ、自他ともに認める保守政治家ならではの発言だろう。

前述したように、第二次政権では、現実的な政策や外交と、保守陣営からの意向をバランスよく収めるのに安倍が苦慮する場面も見られた。慰安婦合意の際には右翼団体が、安倍の自宅まで街宣を掛けている。また、合意直後には安倍の支持層から首相官邸に十数万件に及ぶ抗議メールが殺到したという。

このようなハレーションは歴史問題を扱う場合に起こりやすく、慰安婦問題もまさにそれに当たる。

「安倍さん、靖国神社に参拝に行ってください！」

安倍を訪ねて来た支持者から、このように言葉をかけられる場面を私は時折目にした。

靖国神社に参拝をすれば中国や韓国からの反発を招く。安倍は自らの支持者や保守陣営の期待に応え、それでいて近隣外交に波風が立たない絶妙な参拝のタイミングを窺っていた。慰安婦問題と同様に、かつての安倍には見られなかった現実的な側面だ。

今から十五年ほど前に安倍はこんなことを言っていた。

「シンガポールのリー・シェンロン首相と会った時に靖国神社の性質について説明した。A級戦犯を祀《まつ》っていると批判する人がいるが、A級やB級というのは罪の重さではなくて、立場の違いだということ。A級戦犯で有罪判決を受けても、後に放免されて国会議員や閣僚になった人もいるということ。そのようなことを話したよ」

二〇〇六年七月に出版した自著『美しい国へ』（文春新書）でも同様のことを書いており、これが靖国についての安倍の基本的な考えであることが分かる。

「信念を失ったらおしまい」

安倍が幹事長代理や官房長官だった頃、首相の小泉純一郎が「いかなる批判があろうと必ず参拝する」との公約通り、毎年、靖国に参拝をしていた。そのため中国や韓国から猛烈な反発を招き、一時は首脳会談も途絶え、両国との関係は冷え込んだ。日本国内でも「中国や韓国が反対するのは内政干渉だ」と声を上げる人も増えていた。

そのため、私も自然と安倍から靖国についての考えを聞く機会が増えた。例えば、二〇〇五年五月三十日にはこんな話をしている。

「日本側の政治家たちがもっと頑張って『内政干渉だ』と主張し続ければ、中国も配慮せざるを得なくなるだろうに。情けない。小泉総理が靖国参拝を止めて、この議論から降りるというのは、一つの考え方かもしれないが、周りの政治家が先に降りるのはいけない。

私は国益という観点から絶対に降りてはいけないと思っている。もしこのことで、世論が私に批判的になり、多くのものを失うとしても、構わない。それが政治家だと思うから。政治家は信念を失ったらおしまいだ。仮に私がここで『靖国からA級戦犯は分祀してもいい』などと言ったら、総崩れになってしまう。だから苦しくても踏ん張らなくてはいけないんだ」

安倍の「不動の視座」が感じられる発言として印象に残っている。

第一次政権時もその立場を維持していたが、靖国神社参拝の機会には恵まれなかった。むしろ次々と起こる問題の対応に追われ、その余裕がなかったと言う方が正しいかもしれない。後に振り返って、安倍は「第一次内閣で参拝できなかったことは痛恨の極み」と述べている。

バイデンからの電話

第二次政権時代、安倍は二〇一三年十二月二十六日に一度だけ靖国神社を参拝した。ちょうど政権発足一周年の時期だ。その二週間前の十二月十二日に、中国や韓国を歴訪した米国のバイデン副大統領から、安倍に一本の電話がかかってきた。

「朴槿恵大統領には『安倍氏は靖国神社に参拝しないと思う』と伝えた」

安倍は耳を疑った。この時すでに参拝の決意を固めていたからだ。安倍はバイデンが日韓の間に横たわる問題を、果たしてどれだけ理解しているのか不安に感じたという。

結果的に安倍は予定通り靖国神社に参拝した。すると、瞬く間に国際社会から反発の声が上がった。米国は「失望している」と踏み込んだ表現で批判し、中国も「決して容認できない」と遺憾の意を示した。また、韓国も「慨嘆と憤怒を禁じ得ない。時代錯誤的な行為だ」と強烈に牽制している。

やがて、EUやロシアまでもが批判に加わり、ただならぬ事態に私は安倍に「想定以上の反応ではないのか」と尋ねた。だが、安倍は「大丈夫」と至って冷静で、まるで動じる様子はない。「日中、日韓関係もさらに悪化するのではないですか」と聞いても、安倍は落ち着いてこう答えた。

「中国、韓国との首脳会談がまだ行われていない今の時期だからこそ、靖国神社に参拝した。もし、習近平《しゅうきんぺい》主席と会談した後に参拝すれば、それこそ非常に困難な事態を招くことになるだろう。タイミングは今しかなかった」

私は安倍のこの発言を聞いて、民主党政権下で膠着状態にあった中国や韓国との関係を改善し、本気で首脳会談に臨もうとしている覚悟を感じた。

その他、終戦記念日から遠い時期であることや、当時は支持率が五〇パーセントほどあったことも好条件になったはずだ。熟慮を重ねた結果、導き出された唯一の答えが、この十二月の参拝だったと言える。その証拠に、第二次政権退陣に至るまでは一切の参拝を封印している。

　安倍は、前述した『安倍晋三回顧録』ではこう振り返っている。

「一度は通らなければならない道だったんですよ。私は、これでやるべきことが果たせたと思いました。総理在任中の二度目の参拝はできない、と思っていました。あの時、中国は私に、二度と行かないことを約束しろ、と水面下で言ってきたのです。私は、絶対に約束はしない、と断ったのです。首脳会談ができないのであれば、できなくていい、と答えました」

　それから実に七年後のことだった。退陣からわずか三日後の二〇二〇年九月十九日、安倍は靖国参拝を果たしている。公式ツイッターには「内閣総理大臣を退任したことをご英霊にご報告いたしました」と投稿した。それは長期政権を担う総理としての制約からようやく解き放たれ、一議員に戻った安倍の本質が、やはり保守政治家であることを実感させた。

第4章 トランプと地球儀俯瞰外交

平成29年2月、トランプ大統領就任後初の日米首脳会談をワシントンで行った（写真　内閣広報室）

「米国は強かな国だ」

ここ数年の間、安倍は幾度となく、こう口にしていた。

二〇二〇年十一月に行われた米国大統領選は、大接戦の末に民主党のバイデンが共和党のトランプを破った。安倍は、バイデンとはオバマ政権で副大統領を務めていた時から親交があり、苦労人ゆえの温かみに敬意を抱いていた。

一方で、第3章でも述べたが、バイデンの韓国をめぐる対応では疑問を抱く事例もあり、安倍の中では評価が定まらなかった。だが、二〇二二年二月に始まったロシアのウクライナ侵攻に対する米国の立ち回りを見ると、安倍は、冷徹で強かな米国という印象を改めて抱いたように思えた。

前述したように、二〇二二年六月七日、岸田内閣は「骨太の方針」を閣議決定した。NATO加盟国が掲げた「防衛費をGDP比の二パーセント以上に」という目標を例示し、日本も五年以内に防衛力を抜本的に強化することを明記した。

その背後には米国側の要請があったが、安倍の強い意向が働いたことも事実だ。ロシアによるウクライナ侵攻を受け、日本周辺でも、安全保障環境の危機が高まりを見せる中、安倍は防衛力の強化を急務と捉えていた。

この日の夜、安倍は電話で「『五年以内』と何とか明記できてよかった」と満足げに語り、こう続けた。

「今でこそ米国はウクライナのゼレンスキー大統領を支持しているが、当初はウクライナとの首脳会談にもなかなか応じず、冷淡に見えた。さらにロシアの軍事侵攻後、米国はゼレンスキーに退避を促したが、拒絶されてしまっている。国際世論が俄然ウクライナ支援に急変したのを見て、対応を変えたのが実態だろう」

そう言って、安倍は米国の変わり身の早さを指摘した。また、米国はロシアに対して厳しい制裁を科すとしながらも、軍事介入による抑止の意向は示さなかった。そのため安倍は、ウクライナ侵攻によりロシアが消耗することさえも米国は見越している、と考えている節があった。

祖父の岸信介が一九六〇年に日米安保条約を改定して以来、日本外交の成否は、米国との距離感で評価が定まる傾向が強かった。だが、米国が「世界の警察官」の役割を担った時代は終焉を迎え、国際秩序は大きく揺らいでいる。

安倍は強固な日米同盟を基軸としながら、対米追従に留まらない重層的な外交を目指した。

テタテの最大活用

第二次安倍政権では「ストロングマン」外交が求められた。米国のトランプ、ロシアのプーチン、中国の習近平、北朝鮮の金正恩《キムジョンウン》、フィリピンのドゥテルテ……。独裁的で個性豊かな首脳が台頭する中、日本も生き残りを図らなければならなかった。各国の貿易政策や安全保障政策などは、リーダー個人のトップダウン型の判断に左右されがちだ。しばしば予想困難な状況を強いられる。

そんな中、安倍が採った外交戦略が「地球儀俯瞰外交」であり、具体的な手法が「テタテの最大活用」だった。これが、安倍外交の真骨頂だと私は見ている。

地球儀俯瞰外交が導いた成果は後述するが、安倍は第二次政権発足時の所信表明演説でこう語っている。

「外交は、単に周辺諸国との二国間関係だけを見つめるのではなく、地球儀を眺めるように世界全体を俯瞰して、自由、民主主義、基本的人権、法の支配といった、基本的価値に立脚し、戦略的な外交を展開していくのが基本であります」

その言葉通り、安倍はのべ一七六の国と地域を訪問し、米国だけでなく世界各国との二国間関係を強化した。安倍は日本が国際社会のルールメーカーとしての役割と、外交の仲介役を担うことも目指した。

テタテ（tête à tête）とは、フランス語で「頭と頭を突き合わせる」「差し向かいで」などの意味で、外交の場面では、通訳のみを介した首脳二人だけの一対一の会談を指す。

従来の日本外交は、外務省が相手国との事務レベルの交渉により「お膳立て」をする。その上で、首脳会談は事務方が用意した交渉事項を最終確認する「儀式」としての傾向が強かった。安倍はそれを一変させた。

真の外交とは、首脳自身が相手国の感触を掴むことから始まる――安倍はそう強く意識していた。本来は複数人で議論するテーマも、首脳同士が抜き差しならぬ二人だけの会談で本心を掴み、真意を伝え、譲歩を引き出す。そうしたディール（交渉）こそ、安倍の最も得意とする外交戦術だった。

「こんなディールは馬鹿げている」

それが遺憾なく発揮されたのは、二〇一六年の大統領選で民主党のヒラリー・クリントンを破った共和党のトランプ大統領との首脳会談だ。大統領在任期間の四年間、「ドナルド」「シンゾー」と呼び合うなど、二人は堅い信頼関係を結んだ。その「蜜月関係」が注目されがちだったが、実は水面下で熾烈な交渉を繰り広げていた。私は安倍から、節目節目でその舞台裏をつぶさに聞き取ってきた。

象徴的な場面がある。二〇一九年八月二十五日、フランスで開かれた「G７ビアリッツ・サミット」でのことだ。安倍はトランプと約五十分間の首脳会談に臨んだ。事件が起きたのは、冒頭取材が終わり、報道陣が会場から立ち去った後だった。

「もう終わりだ！　こんなディールは馬鹿げている」

トランプは怒りを爆発させると、安倍に向かって交渉打ち切りを通告した。その瞬間、臨席していた茂木《もてぎ》敏充《としみつ》経済再生担当大臣とライトハイザー通商代表の顔からはサッと血の気が引いたという。

トランプの言う「ディール」とは日米貿易協定のことだ。二〇一七年一月、すでに十二か国間で署名を終えていたTPP（環太平洋パートナーシップ）協定から、トランプが突然の離脱を宣言。米国は多国間協定から二国間や少数国間協定へとシフトし、日本も二国間協定を結ぶよう迫られていた。

「シンゾーの人柄に屈した」

会談中のトランプは次の出方が全く読めない難敵だ。笑いながらゴルフ話に花を咲かせたかと思うと、一転、急に深刻な表情を浮かべて北朝鮮問題を切り出す。

安倍が話している途中であっても「どういうことだ！」「もう十分だ」と平気で遮り、感情に任せて自説を捲《まく》し立てる。数字の間違いや事実誤認も多々あったという。そんな相手に対して安倍は粘り強く交渉を続けた。

トランプは日米貿易を「アンフェアだ」と主張し、会談のたびに市場開放を猛烈に求めてきた。その主張は概ね、以下のようなものだった。

「米国は対日貿易で毎年七百億ドルの赤字を被っている。日米同盟に基づき、莫大な費用をかけて日本を防衛しているというのに、あまりに不公平だ。自動車についても、米国は日本に対して低い関税率で何百万台も輸入している。日本はもっと米国の農産品を輸入すべきだ。特に牛肉が問題だ。日本はオーストラリアとの協定で、関税率を二六パーセントに下げるというが、米国がオーストラリアなどＴＰＰの加盟国と同じ関税率というのは我慢ならない。オーストラリアが米国のように防衛費を使って、日本を守っているというのか⁉」

一方の安倍も決して引き下がらなかった。テタテの機会を存分に利用し、トランプ政権発足以降、米国産牛肉の輸入量が圧倒的に増加していることや、自動車の現地生産により米国で大量の雇用を生み出していることを繰り返し強調した。

さらには近年における米国産化石燃料の輸入量の増加や、一機百億円を超える戦闘機Ｆ－35など軍事品の調達量の増加などのデータを挙げ、一つ一つ懇切丁寧に説明していった。

緊迫した交渉の結果、安倍は頑なだったトランプを納得させることに成功した。自動車の追加関税についてトランプから「シンゾーと仲が良い間は課さない」との約束を取り付け、牛肉の関税もＴＰＰと同じ削減率で日米貿易協定を結ぶに至っている。

二〇二〇年八月に安倍が退陣を表明した際には、トランプがいち早く電話をかけ、「貿易交渉では正直負けたと思ったが、これもシンゾーの偉大な交渉力、そして人柄に屈したのだ」と吐露したが、これは日米貿易協定の熾烈な交渉過程を指している。

後に私は、トランプから交渉決裂を突き付けられた際、どのように事態を収束させたのか安倍に尋ねた。

実はトランプが席を外している間に、トランプの娘婿で大統領上級顧問を務めていたクシュナーが安倍に「義父には〝九十分ルール〟の法則がある。その時間を超えると考えが固まり、方針を変えなくなる。私が今から義父を取り成すので、戻ったら、シンゾーからもう一度、交渉を挑んでほしい」と助言したという。しばらくして戻ってきたトランプに、安倍は何事もなかったように「ではドナルド、続きを」と声をかけた。するとトランプは頷き、会談は無事に再開したのだった。

安倍は感慨深くこう振り返った。

「さすがにあの時は肝を冷やしたが、クシュナーの言葉を信じて交渉を再開させるしかないと思った。どうしても日米貿易協定は実現する必要があった。何しろ国益が懸かった重大な案件だったからね」

「あのバック転は十点満点」

安倍がトランプの信頼を得た理由の一つにゴルフ外交がある。

トランプはベストスコアが六十台を誇るほどの腕前だ。大統領就任直後の二〇一七年二月、ワシントンで行われた日米首脳会談後にフロリダ州パームビーチに移動し、トランプが所有するコースで初めて二人はプレイした。その際に、トランプはこう打ち明けたという。

「人間関係を作る上で、夕食会を何度も重ねるより、一回のゴルフの方が効果的だ。私は、これまでの人生において、ゴルフ場でディールを結んできた。ゴルフ無しで自分の成功はなかったし、友人だって、ゴルフを通じて作ってきた」

トランプにとってゴルフは、ビジネスそのもの——。安倍はそう感じた。この時、トランプは、コースを移動し、一日で二十七ホールをプレイしようと提案した。

同年十一月。安倍は初来日となったトランプと、埼玉県川越市の霞ヶ関カンツリークラブで、再びラウンドを共にした。トランプが「ファンだ」という松山英樹プロも参加し、松山のスイングを目の当たりにすると「見ろ、彼の下半身を！　全く動かないぞ」と興奮気味だったという。

度々報じられた、安倍がバンカーで、いきなり後方にひっくり返るアクシデントもこの時に起きた。トランプはこの失敗談を大層気に入り、その後の首脳会談でも「シンゾーは、世界レベルの体操選手だ。あのバック転は十点満点だった」とジョークを飛ばす。すかさず安倍も「あそこは『シンゾーバンカー』と呼ばれているそうだ」と切り返して場を盛り上げた。そのような交流を重ねて二人の信頼関係は醸成されていった。

米朝首脳会談へのアドバイス

安倍とトランプの二人が、最も時間を割いて議論したのは「北朝鮮問題」だ。小泉純一郎首相が訪朝し、金正日《キムジョンイル》総書記と初会談したのは二〇〇二年九月十七日のことだった。当時、官房副長官として訪朝に同行した安倍にとって、拉致問題の解決は悲願だったが、いまだにその兆しはない。

しかし、安倍のテタテによるトランプとの首脳会談の成果が最も如実に現れたのは、北朝鮮問題だったと言える。

二〇一六年十一月十七日、大統領選で勝利を収めたばかりでまだ就任前のトランプと会談すべく、安倍はニューヨークにあるトランプタワーを訪問。その時からトランプは北朝鮮に興味を示し、「どんな国なんだ?」「金正恩は天才なのか、それとも狂っているのか?」などと素朴な疑問をぶつけてきたという。

安倍自身は、小泉訪朝の際に金正恩の父・正日に対面している。冷静な判断力の持ち主で、米朝の二国間協議を「二重奏」に、米朝に日本、韓国、中国、ロシアを加えた六か国協議を「合唱」に喩えるなど語彙力も豊富だと分析していた。そのため正恩も似たような資質を持ち合わせている可能性があるとみていた。

安倍はトランプに自身の訪朝経験を紹介し、「北朝鮮外交の要諦」について、次のように具体的にアドバイスしている。

「サラミ戦術ではいけない。非核化を実現するためには、例えば六か月から九か月の具体的な期限を区切るべきだ。先延ばししてはならない」

サラミ戦術とは、議題や措置の内容をできるだけ細かく小出しに提示することで、その間に交渉相手から対価を獲得し、時間稼ぎを行う外交手法のことだ。

当時はまだ国務省や国防総省から詳しいブリーフを受けていなかったトランプにとって、北朝鮮事情に詳しい安倍からの情報や分析は貴重だった。また、トランプはオバマから大統領を引き継ぐ際に「北朝鮮が米国にとって最大の問題であり、やがて戦争になる危険性も孕んでいる」との助言を受けている。トランプにとっても北朝鮮は喫緊の課題となり、やがて安倍に対して全幅の信頼を置くようになる。

その端的な例が、二〇一八年六月十二日に開催された、史上初の米朝首脳会談だった。「北朝鮮との対話がどうなるのか、想像もつかない」「核を放棄するとは思えない」と不安を抱くトランプは、開催までの段取りから、会談内容に至るまでを、安倍に逐一相談していた。

首脳会談の開催場所も当初、トランプは北朝鮮と韓国の休戦ラインにある「板門店《パンムンジョム》」を考えていた。だが、この年の四月に金正恩と韓国の文在寅大統領による南北首脳会談が板門店で行われており、世界中にその印象が深く刻み込まれている。そこで安倍はこう主張した。

「史上初となる米朝首脳会談に、もっとふさわしい場所を選ぶべきだ」

安倍が提案したのは「シンガポール」だった。煌《きら》びやかな摩天楼を金正恩に見せることで、経済発展の重要性を実感させる狙いもあった。トランプはあまり納得していない様子だったが、結果的に米国政府は、米朝首脳会談をシンガポールで開催することを発表した。

「拉致問題を提起してほしい」

開催五日前の六月七日――。

「米朝首脳会談の場で、金正恩に日本政府の最重要課題である拉致問題を提起してほしい」

訪米した安倍はワシントンで行われたトランプとのテタテによる会談で、こう依頼したという。米朝の距離がここまで近づいたことはかつてなく、安倍は、拉致問題解決にこぎつける最大のチャンスだと考えていた。

小泉訪朝の際に発表した日朝平壌宣言には、国交正常化した暁には、日本が北朝鮮に対して無償資金協力をはじめ、経済支援をすると書かれている。安倍はトランプを介して、この宣言が今も生きていることを金正恩に伝えたかったのだ。

私の聞いたところでは、この時、安倍の念頭には一九六五年に韓国と結んだ日韓基本条約があった。この条約に基づき、日本は韓国に対して総額八億ドルの経済支援を行った。拉致問題が解決に至れば、安倍は北朝鮮に同様の支援をすることも検討する考えだった。

安倍の気迫を前にトランプは深い理解を示した。そして米朝首脳会談の冒頭、トランプは二度にわたって拉致問題を提起し、北朝鮮が日本と向き合うことを求めた。米国が突如、日本の話を持ち出したことに、金正恩は驚きを隠せなかったという。

金正恩からの手紙

三か月後の九月二十三日、国連総会に出席するためにニューヨークを訪問した安倍は、トランプタワーでトランプとの夕食会に臨んだ。ミートボールやチョコレートアイスが並んだ夕食会で、上機嫌なトランプは笑いながらこう語った。

「北朝鮮との関係はうまくいっている。会談の最中、私が以前に彼（金正恩）のことを『ロケットマン』と呼んでいたと話したら、彼はすぐさま訂正して、いや、あなたは私を『ちびのロケットマン』と呼んでいた、と言い返してきた」

さらにこの日の会談では、トランプが「衝撃の内容だ」と言って、金正恩から受け取った手紙を披露する一幕もあった。ハングルで書かれた手紙はその場で日本語に翻訳して読み上げられたという。

宛名に「ドナルド・J・トランプ閣下」、差出人に「金正恩国務委員長」との記載がある書面には、「米朝首脳会談の共同声明を履行していく決意は変わらない」と書かれていた。具体的に、核兵器研究所の完全な閉鎖や、核物質生産施設の不可逆的な閉鎖を段階的に行っていく旨も記載されていたという。

安倍もその場で「非常に意味のある手紙だ」と感想を述べた。

この時期、トランプはノーベル平和賞に自身を推薦するよう安倍に依頼している。さらにトランプは金正恩からの手紙が、ノーベル平和賞への後押しになると期待しているようだった。

第二回の米朝首脳会談は、二〇一九年二月二十七日から二日間にわたりベトナムのハノイで行われた。一週間前の、日米電話首脳会談で安倍は再びトランプに拉致問題を提起するよう依頼し、金正恩と平壌で会う意向があるとも伝えた。第一回が好感触だっただけに、安倍自身もさらなる進展に期待を寄せていた。

だが、第二回米朝首脳会談の当日。会談終了の予定時刻になっても、トランプと金の二人は一向に昼食会場に姿を現さない。状況が摑めず、報道陣も困惑していた。そんな中、私のもとに「決裂」との一本の情報が入る。すぐさま報じると、瞬く間に波紋が広がった。

米国は核施設や化学兵器などの完全な撤廃を要求していたが、北朝鮮は核施設一か所のみ閉鎖の方針を示し、見返りに経済制裁の解除を要求。双方の隔たりは埋まることなく合意文書も締結されなかった。

会談直後、トランプはハノイを発った大統領専用機エアフォースワンの機上から、安倍に一本の電話をかけている。「会談は決裂したが、約束通り拉致問題に言及した。シンゾーから金正恩に電話をしてくれ」と助言したという。だが、その後、安倍がどのルートから連絡を試みても、金正恩には繋がらなかった。

現在のバイデン政権は金正恩にアプローチを試みているが、返答を得られていない。安倍・トランプの時代に比べると、日米朝の対話プロセスは後退したと言わざるを得ない。

G20大阪サミットでの攻防

安倍の代表的な外交戦略である「地球儀俯瞰外交」は、日米関係一辺倒ではなく、強大化する中国やロシアを意識しながら、世界を俯瞰して各国と対等に渡り合うための底力をつけることを狙ったものだ。日本の外交史において安倍外交を異色たらしめた真骨頂であり、詰まるところ、それはあらゆる国との二国間関係を強化することを意味した。

地球儀俯瞰外交の成果の一つが、二〇一九年六月に開催された「G20大阪サミット」だった。トランプが米国の大統領に就任して以降、G7やG20など多国間協議の場では、トランプの強引な意向に引っ張られ、首脳宣言の文言をめぐる対立が激化することが増えていた。

例えば首脳宣言の「貿易と投資」の項目に「保護主義と闘う」との一文を明記するか否かで事態が紛糾した。「米国第一主義」のもと保護貿易を掲げるトランプにとっては、我慢ならない文言だった。

先立つ「G7シャルルボワ・サミット」(二〇一八年六月カナダ開催)では、最終段階で首脳宣言に「保護主義と闘う」の文言を盛り込んだ。だが、閉会直後に突然トランプが、エアフォースワンの中から「あんな首脳宣言は認めない!」とツイッターに投稿し、結束の乱れが露呈することとなった。翌年の「G20大阪サミット」に議論は持ち越され、議長国である日本の手腕が厳しく問われる局面となった。

交渉をより困難にしたのは、米国と中国の対立だ。双方がお互いを「保護主義だ!」「覇権主義だ!」と批判し合い、収拾が付かなくなることが想定された。難局を打開するため、安倍はサミット開催直前に、日米首脳会談の設定に持ち込んだ。会談では安倍が促す形でトランプから『自由・公正な貿易』は、当然大切だ」との言葉を引き出す。安倍はこの瞬間を逃さなかった。トランプの発言を首脳宣言に活用することにしたのだ。

最終的には首脳宣言に「自由、公正、無差別、透明、かつ予想可能な貿易投資環境を作る」「開かれた市場と公正な競争条件を確保する」という文言を盛り込む形で協議は一致。結果として、「保護主義と闘う」という従来の文言よりも具体的な記述になり、保護主義を厳しく律する内容となった。

トランプの信頼を得て、盤石な日米関係を築き上げていた安倍が、世界各国からの要望を受ける形で仲裁役を引き受けた。地球儀俯瞰外交により、ヨーロッパ各国とも親交を深めていた安倍だからこそ打開できた局面だったと思う。

Ｇ20大阪サミットでは、もうひと波乱があった。気候変動をめぐる議論だ。トランプは、前任のオバマの実績である「パリ協定」を一貫して否定してきたため、首脳宣言の「気候変動」の項目に、パリ協定の趣旨を反映することに断固反対の立場だった。パリ協定では、米国は二〇二五年までにＧＤＰ当たりのCO_2排出量を二〇〇五年比で二六〜二八パーセント削減する目標を課せられていた。一方で環境問題に熱心なヨーロッパ諸国も譲れない。両者は正面から衝突し激論が交わされた。

協議は平行線を辿り、気候変動の項目を削除するか、あるいは首脳宣言ではなく、格下の議長声明に盛り込む妥協案も浮上していた。

そんな中、過去に京都議定書もまとめた国として、日本はパリ協定に賛成する立場を取るだけでなく、首脳宣言にその趣旨を盛り込みたかった。舵取りの難しい局面だが、サミット閉会まで残り時間が少ない中、安倍は一気に動く。まず、メルケル独首相と協議して原案を作成。続いてマクロン仏大統領、メイ英首相にも同意を求めるなど、各国の首脳を巻き込み、外堀を埋めた上で、最後にトランプを直接説得する作戦をとったのだ。

「ドナルド、この内容でサインしてほしい」

安倍の直談判にトランプはしばし沈黙し、最後は観念したかのように「シンゾー、分かった。今回この案は了承するが、米国については別項を設けて『別途協議する』の一文を入れてほしい」と条件をつけて承諾。「パリ協定からは離脱するが、環境保護にはコミットする」という趣旨の別項をトランプ自らが書き足してサインしたという。

夕食会の席次に仕掛け

こうして首脳宣言はまとまりを見せたが、まだ米中問題という大きな課題が残っていた。G20大阪サミットが開催されたのは、米中の貿易摩擦が激しさを増していた時期に当たる。米中両国に何の接点もないまま閉幕させるわけにはいかず、安倍は大阪で米中協議の場を作るべく知恵を絞った。その結果、サミット初日に行われる「夕食会」を活用することにしたのだった。

首脳会議の席次は、丸テーブルの真ん中に議長が座り、両脇を前年と翌年の開催国の議長が固め、それ以外はアルファベット順に座ると決まっている。一方で、夕食会は議長の権限で席次を決めることができた。どうすれば、米中が話しやすい席次となるのか――。

思案した結果、長方形のテーブルの真ん中に議長国の安倍、その右隣にトランプ、テーブルを挟んで向かい側に習近平という配置とした。さらに安倍の左隣にプーチン、安倍とプーチンの前には、メルケルやマクロン、メイなどの欧州勢という席次だ。

これで米国と中国はテーブルを挟んで向き合い、忌憚《きたん》なく話ができる。もし険悪な雰囲気になっても、安倍が仲裁に入れる。さらに、トランプの席からは、ヨーロッパ勢も視界に入るため、気候変動問題について話し合うこともできる。夕食会の席次といえども、そこには様々な仕掛けが施されていたのだ。

習近平が色をなして反論

大阪城西の丸庭園内にある大阪迎賓館。各国首脳が夕食会の席に着き、淡路島の鱧《はも》が入ったお椀や、竹炭と笹で焼いた但馬《たじま》牛など豪華な料理がテーブルを彩った。安倍の目論みは奏功した。トランプが身振り手振りでジョークを飛ばし、習が笑う。周辺のテーブルに座る各国の首脳たちも和やかな雰囲気で歓談した。

だが、夕食会が佳境にさしかかると、突然トランプが習にジャブを放つ。新疆《しんきょう》ウイグル自治区での人権問題を「米国は人工衛星で見ているぞ」とけしかけたのだ。習も表情が変わり、色をなして反論する。だが咄嗟にトランプは再び冗談を言って、その場での争いを避けた。やがて貿易問題へと話題は移り、両国首脳の議論は長時間に及んだという。夕食会の最後にトランプは習に向かってこう言った。

「明日は正念場だから体力を消耗する日になりそうだ。温存しなければならない」

習も負けじとこう応じた。

「私も体力を蓄えておこう」

サミット会期中に米中首脳会談が開かれるか注目されていたが、事実上、この瞬間に決まったと言える。

翌日、サミットの一連のセッションが終わると、部屋の両端に座っていたトランプと習はお互いに歩み寄り、ぐっと目を合わせてから頷き、二人で部屋を出て行った。そこには、まるで相撲の立ち合いのような緊張感が漂っていたという。

「大国同士の本気のぶつかり合い。その迫力は大変なものだった」

安倍はそう感想を漏らしていた。米中首脳会談も決裂には至らず、継続協議をすることで合意。安倍は、議長国としての一定の役割を果たすことができたと安堵していた。

米国とイランの仲介役

世界のどの国とも二国間のバイの関係を強化するために、安倍はジャマイカやキューバなどのカリブ海諸国やアフリカ各国など、これまでの総理大臣があまり訪問していない国々とも細やかな交流に努めた。二国間の関係強化によって、複雑さを増す国際社会の中で、日本が存在感を発揮するとともに、世界のルール・メーカー、国際秩序づくりの一端を担っていく。こうした目標を掲げることで、安倍は日本に国際社会の仲介役という立場を与えていった。その典型例がイラン外交だった。

二〇一八年五月、トランプは唐突に「イラン核合意」から離脱すると発表した。「イラン核合意」とは、イランの核兵器開発を大幅に制限する合意で、見返りとしてイランへの経済制裁を段階的に解除するというもの。十年以上かけて交渉した結果、二〇一五年にイランと米国、イギリス、フランス、ドイツ、ロシア、中国の六か国の間で締結された。

日本は歴史的に中東各国と良好な関係を築いてきており、イランも日本の伝統的友好国だ。安倍は、毎年九月にはニューヨークで行われる国連総会の際にイランのロウハニ大統領と会談を重ねており、良好な関係を構築していた。

米国がイランとの核合意から一方的に離脱してから、両国の対立は深刻化していた。そうした中、二〇一九年四月に安倍が訪米した際に、トランプとの間でイランとの橋渡しを日本が行う案が浮上した。

安倍が「もし必要であれば、自分はイランを訪問して対話を求めたいと思うが、どうか」と持ち掛けると、トランプは「ぜひイランを訪問してほしい。それができるのは日本しかない」と応じた。その一か月後にトランプが国賓として日本を訪問した際にも、二人は方針を改めて確認し、その結果、安倍が六月にイランを訪問することになった。

安倍はロウハニ大統領や最高指導者のハメネイ師と会談するにあたり、留意した点があった。各国が合意した核合意から一方的に離脱した米国の言葉をそのままイラン側に伝えれば、たとえ伝統的友好国である日本からの働きかけであったとしても、逆効果になりかねない。そこで、

「あくまでもイランの友人たる日本の言葉」で、中東情勢の平和と安定が必要という立場を貫き、米国との対話を呼びかけるという方針をとった。

六月十二日、安倍は日本の首相としては四十一年ぶりにイランを訪問した。米国との対話を促す安倍にロウハニはこう語った。

「長年かけてつくった核合意から一方的に米国が離脱してしまったのは許せないことだが、日本の役割には深く感謝している。ありがとう。日本との関係は今までよりも深めたい」

最高指導者ハメネイ師との会談は翌日、行われた。ハメネイ師が西側諸国の首脳と会うことは極めて珍しいことだ。一九八三年、当時外相だった安倍晋太郎がイランを訪問した際、安倍は外相秘書官として同行していた。ハメネイ師は安倍に「かつて貴方の父と会談した時のことはよく覚えている。晋太郎氏からもらったプレゼントは今も大切にしている」と切り出し、安倍の訪問を歓迎した。だが、「日本の努力には感謝している。日本は友人だ。しかし、米国の一方的な行為は侮辱であり許せない」と断言し、トランプへの不信感をぶちまけた。

会談が終わり、直ちに対話の局面に入るのは難しいだろうと日本政府の同行者は受け止めた。ところが、会談に同席していたロウハニ大統領が、建物の外に出て車列に向かって会場を後にしようとする安倍を追いかけてきて、こう囁いた。

「イランとしては、米国が制裁解除の入り口に立つのであれば、対話の用意はある」

米国への率直な怒りを見せたハメネイ師との会談直後だっただけに、同行した日本政府関係者は驚きと関心をもってこの言葉を受け止めた。

この年の十二月、ロウハニ大統領は安倍のイラン訪問への答礼として、イランの大統領としては十九年ぶりに日本を訪問した。

プーチンの不信感と怒り

「地球儀俯瞰外交」と「テタテでの会談」という安倍の外交術を駆使した事例の一つに日露交渉がある。安倍は自身の政権下で計十一回訪露し、プーチン大統領との日露首脳会談に至っては二十七回にも及ぶ。そこには、中国やロシア軍機に対する自衛隊機の緊急発進（スクランブル）が増加する中、中露への二正面作戦は難しく、日本の安全保障を守るために中露の接近を防ぐ狙いがあった。一方で、途絶えていた交渉を軌道に乗せるべく、プーチンとのテタテによる会談を設ける必要もあった。

第一次政権時代に比べ、安倍はロシア事情に精通し、プーチンの思考回路を解するようになっていった。二〇一四年にクリミア半島を併合した際、欧米諸国による対抗措置としてロシアはG8から除外されたが、プーチンは意に介することなく、安倍には「日露間での交渉を優先して進めよう」と持ち掛けたほどだ。

日露関係における最大の問題は言うまでもなく「北方領土」だった。過去七十年もの間、暗礁に乗り上げており、一九九八年に静岡県・川奈で行われた橋本龍太郎首相とエリツィン大統領の会談を除くと、具体的な議論に入ることはほぼなかった。

安倍はプーチンの中に一貫した厳しい心情を感じていた。それは日本に対する不信感と怒りだ。二〇〇一年三月、前年に大統領に就任したプーチンは訪ロした森喜朗首相とイルクーツクで会談した。一九五六年に調印された日ソ共同宣言が平和条約交渉の基本となる法的文書であることを確認し、北方四島の帰属問題の解決に向けた交渉を促進することに合意、両首脳はイルクーツク声明に署名した。

だが、森はイルクーツク声明の翌月に退陣し、森政権で日本側が提案した条件が、その後の相次ぐ政権交代により頓挫するという事情があった。安倍は一刻も早く交渉を再スタートさせなければならないとの使命感を抱いていた。

これまで両国は、「北方領土問題はなぜ発生したのか」「北方領土はどちらに帰属するのか」という歴史的、法的な議論を繰り返し、双方の溝を埋められずにいた。

二〇一五年十一月、トルコ・アンタルヤで開かれたG20サミットでの日露首脳会談で、安倍は「どこに主権の線を引くか」ということだけに焦点を当てる外務省の振り付けにそのまま乗り、プーチンに「二島では引き分けではない。晋三、それはイッポンだ」といなされていた。過去の失敗から何も学んでいない外務省の戦略では、プーチンを動かせない。安倍は従来とは違う新しいアプローチが必要だと考えるようになる。

事態が動いたのは、二〇一六年五月のソチにおける日露首脳会談だ。この場で安倍は「新しい発想に基づくアプローチ」を提案している。これは、従来のように、北方四島の歴史的な経緯の確認や国境線の画定から議論を進めるのではなく、まず、共同経済活動や人の往来など、平和条約を締結した後の北方四島の将来像の議論から始めるものだ。

いわば逆転の発想に基づいた画期的な提案だが、伝統的な外交交渉とはかけ離れた手法でもあり、リスクを伴う。安倍はプーチンとのテタテ会談で多くの時間を割き、言葉を尽くして説明した。その結果、プーチンは安倍の提案する、建て前を排した建設的な議論に賛同した。そして、プーチンは同年十二月に安倍の故郷・山口県を訪れ、長門での首脳会談で北方四島での経済協力活動などについて合意。「歴史的ピンポンをやめよう」と発言した。

安倍とプーチンはその後も何度も首脳会談を行ったが、二〇一八年十一月十四日、シンガポールでの日露首脳会談が、最も北方領土の解決に向けて前進した会談だったと私は見ている。「一九五六年の日ソ共同宣言を基礎に、交渉を加速する」との合意内容だが、そもそも日ソ共同宣言は、平和条約の締結後に歯舞《はぼまい》島・色丹《しこたん》島の日本への返還を規定している。実際に安倍は、合意に先立つテタテの会談で、踏み込んだ議論が交わされたことを明かしていた。

「今日は率直に考えを述べたい」

安倍がそう告げると、プーチンは黙って頷いた。安倍の提案は大胆なもので、北方四島それぞれの主権と国境線を、具体的に画定するものだったのだ。その条件を踏まえた上で平和条約の交渉を進める。安倍の決意を汲み取ったのか、遂にプーチンも「現実的な案だ。作業を進めよう」と承諾したという。

ウクライナ戦争の影響

だが、日本で様々な報道が続くと、ロシア国民による北方四島の返還反対運動が起こった。プーチンは態度を急速に硬化させ、議論はたちまち萎《しぼ》んでいった。二〇二〇年七月には、プーチンが、ロシア憲法の改正で「領土割譲禁止」の項目を盛り込み、二十年近く先まで領土交渉は棚上げされるとみられていた。

ところが、二〇二〇年八月、安倍の退陣表明に伴って行われたプーチンとの電話会談では、異なる反応も見られた。安倍が二〇一八年のシンガポール合意を持ち出し、議論の継続を求めると、プーチンは「あらゆる作業を続けることを約束する」と応じたのだ。テタテ会談の際にプーチンが発した「作業を進める」という言葉を敢えて退陣する安倍に贈る。プーチンの中で、北方領土交渉を継続する意向が潰《つい》えていないと見ることもできた。

そんな中、二〇二二年二月、プーチンはロシア軍をウクライナに侵攻させた。岸田文雄首相との電話会談で「外交手段で解決するのが基本だ」と語っていたプーチンなだけに、安倍は蛮行を止める手立てを思案し、トルコやヨーロッパ諸国と連携して何らかのアクションを模索すべきだったのか悩みを深めていた。

ウクライナ戦争を機に、日露交渉が中断したことは事実であり、安倍自身も交渉継続の意欲を失いつつあった。そして二〇二二年七月、安倍は非業の死を遂げる。再び日露の首脳が交渉のテーブルにつく日は、限りなく遠のいたことは間違いない。

第5章 拉致問題解決への信念

平成29年11月、来日したトランプ米大統領とともに
拉致被害者の家族と面会した（写真　内閣広報室）

今から約二十年前の二〇〇二年九月十七日。日が昇り切らず、薄暗さが残る朝五時だというのに、富ヶ谷の安倍晋三邸の前には大勢の記者が詰めかけていた。私もそのうちの一人だった。NHKの政治部記者として安倍番になって、二か月しか経っていない頃だ。

この日、小泉純一郎首相が北朝鮮を訪問し、最高指導者である金正日国防委員長との首脳会談に臨む、「電撃訪朝」が予定されていた。官房副長官として同行する安倍の出発を、記者たちは今か今かと待ち受けていたのだ。

しばらくして、玄関口に現れた安倍は記者たちを一瞥《いちべつ》すると、送迎車に乗り込んだ。その時の凍《い》てつくような厳しい表情は今も忘れない。

「北朝鮮で殺されるかもしれない。政治家の妻として、覚悟しておいてほしい」

実はこの日の出発前に、安倍は妻の昭恵にそう打ち明けている。安倍の死後に行った取材で、初めて耳にしたエピソードだ。過去二十年取材した中でも、これほど重い安倍の言葉を聞いたことはなかった。

それまでにも北朝鮮は、外国人の拉致だけでなく、一九八三年にはビルマ（現ミャンマー）訪問中の全斗煥《チョンドゥファン》韓国大統領の暗殺を図り、二十一人の死者を出したラングーン事件、一九八七年に百十五人もの死者を出した大韓航空機爆破事件など、指導者の命令によって数々の凶悪犯罪に手を染めてきた。

大韓航空機爆破事件では朝鮮労働党対外情報調査部に所属し、日本人名の偽造パスポートを所持していた金賢姫《キムヒョンヒ》が犯行を全面自供したにもかかわらず、現在に至るまで北朝鮮は事件は韓国の自作自演だと主張して関与を否定し続けている。

そうしたテロ国家と対峙するにあたって、安倍は命を懸ける覚悟だったのだろう。二〇二二年七月に安倍が凶弾に斃れた際、昭恵の脳裏に真っ先に浮かんだのが、この「殺されるかもしれない」という言葉だったという。

「もう一度総理になってください」

二〇二〇年八月二十八日、安倍が第二次政権の退陣を表明した際の会見では、「拉致問題をこの手で解決できなかったことは、痛恨の極みであります。ロシアとの平和条約、また、憲法改正、志半ばで職を去ることは、断腸の思いであります」と語っている。拉致問題は、安倍が悲願に掲げた憲法改正や平和安全法制の整備、日露交渉と並んで、政治家としての最重要課題だった。

拉致被害者の家族も安倍に多大なる期待を託していた。一九八三年、ロンドン留学中にデンマークのコペンハーゲンに誘い出されて拉致された有本恵子さん（当時、二十三歳）の父親・明弘さんは、退陣表明後に安倍の事務所を訪ねている。

「日本のためにぜひ、もう一度総理になってください！」

明弘さんは、隣室にも届くほどの声で懇願したという。忸怩《じくじ》たる思いだった安倍は言葉に詰まりながら「天が必要とした時には、また頑張りますから」と言うほかなかった。

拉致問題がマスコミに大きく取り上げられる前から、安倍は熱心に取り組んできた。一九八八年秋、自民党幹事長だった父・晋太郎の秘書時代に、有本さんの両親が安倍事務所を訪ね、「娘を取り戻してほしい」と依頼したことがきっかけだ。この年、五年前に行方不明になった恵子さんが北朝鮮の平壌で暮らしていることが分かった。恵子さんと一緒に暮らしていた拉致被害者の日本人男性が平壌で会ったポーランド人に託した手紙が男性の実家に届き、そのコピーが有本家に送られてきたのだ。

安倍は事務所として警察庁や外務省を紹介するなどの対応を取ったが、進展は見られなかった。この時の無念さが安倍の胸には燻り続けた。

晋太郎の後を継ぎ、一九九三年の総選挙で初当選して以降、安倍は北朝鮮に毅然たる姿勢を取り続ける。一九九七年には、二十年前に新潟県で失踪した横田めぐみさん（当時、十三歳）が北朝鮮に拉致されていたという証言が寄せられ、新潟県で「北朝鮮に拉致された日本人を救出する会」（救う会）が発足し、めぐみさんの父・横田滋さんらが「北朝鮮による拉致被害者家族連絡会」（家族会）を結成。安倍はこの直後に国会議員の仲間を募って「北朝鮮拉致疑惑日本人救援議員連盟」（旧拉致議連）を立ち上げている。安倍はその頃から横田さんや有本さんら拉致被害者の家族を励まし続けてきた。

安倍の機転で金正日が拉致を認める

そして安倍が政治家として注目を浴び、未来の総理候補に浮上したきっかけも拉致問題だった。大きな進展を見せたのは、冒頭に触れた第一回の小泉訪朝だ。当時、外務省の田中均《ひとし》アジア大洋州局長が北朝鮮の政府高官とされる「ミスターX」と極秘裏の交渉を重ね、その末に訪朝を実現させた。

内情を知るのは、官邸では小泉、福田康夫官房長官、古川貞二郎《ていじろう》官房副長官などごく少数に限られ、安倍は小泉が記者発表をする八月三十日直前まで知らされていなかった。おそらく拉致被害者家族と距離が近かったため、情報が洩れることを懸念したのかもしれない。

田中均をはじめ外務省は、拉致問題の解決よりも北朝鮮との国交正常化交渉再開を優先したがっていた。小泉と福田も外務省のお膳立てに乗ろうとしていたが、安倍の強硬姿勢は一貫していた。

平壌の百花園招待所で開かれた日朝首脳会談。午前中の会談で金正日が拉致を認めようとしないのに対して、交渉の限界を感じた安倍が、昼休みに控え室で「拉致を認めない限りは、日朝共同宣言に署名すべきではない」と小泉らに大声で訴えたのは有名な話だ。安倍は北朝鮮側に盗聴されていることも承知の上だったという。安倍の狙い通り、午後の会談で金正日は一転して拉致を認め、小泉に謝罪の言葉を述べた。

　そして北朝鮮は、拉致被害者で生存しているのは蓮池薫さんら五人、横田めぐみさんや有本恵子さんら八人は死亡したと発表。日本では家族会が会見を開き、横田滋さんは顔を真っ赤にしてせき込みながら「結果は、死亡という残念なものでしたが、信じることができません」と語り、母親の早紀江《さきえ》さんも「あの国のことですから、簡単に娘は出さないと思っていました。いつ死んだか分からないものを信じることはできません」と涙をこらえながら気丈に語った。

　この会見以降、日本の世論の大勢は家族会の主張を応援するものとなっていき、外務省の思惑から大きく外れていく。

　同年十月十五日には、蓮池薫さん夫妻や地村保《たもつ》さん夫妻、曽我ひとみさんが帰国した。五人はいずれも一九七八年に拉致されており、二十四年ぶりに祖国の地を踏んだ。当初、北朝鮮は「五人は帰国を望んでいない。五人の家族が訪朝することを望んでいる」と主張したが、安倍や家族会らの強い要望を汲んだ交渉の結果、「二週間程度なら帰国してもよい、と本人たちが言っている」と北朝鮮側が妥協し、帰国が実現したのだ。

　帰国後は五人を北朝鮮に戻したくない日本の家族による必死の説得が行われた。国交正常化交渉に向けて北朝鮮の機嫌を損ねたくない田中均などは「北朝鮮に戻さないのは約束違反だ」として、五人を再び北朝鮮に戻すべきとの主張をしていたが、ここでも安倍は断固反対の姿勢を崩さなかった。

この頃、安倍は事情を聞くために、帰国間もない五人が住む新潟、福井に度々足を運んでいる。私も何度も同行した。北朝鮮に家族を残してきた蓮池さんらは「北に帰りたい」と表向きは口にするが、安倍は本心ではないと見抜いていた。そのため、あくまでも日本政府の意志として帰国させない方針を決定したのだ。北朝鮮での悲惨な暮らしぶりをすべて聞き取った上での判断だった。

後に蓮池薫さんは、安倍にこんな趣旨のことを語っている。

「日本に帰国が決まった際に北朝鮮の幹部から『北朝鮮に戻りたいのか？　それとも日本に永住したいのか？』と聞かれました。しかし、その幹部は『空調の音がうるさい。止めろ』と指示したんです。すぐに自分が盗聴されていると感じました。日本に帰国後も、北朝鮮の工作員と思しき特徴ある人物が、突然、私の前に姿を現すんです。それは〝監視している〟というサイン。自由にしゃべることなんてできませんでした」

「めぐみさん自殺」の報告書

蓮池さんらが帰国した日、安倍には忘れられない光景があった。

「拉致被害者五人が帰国して、私たちが出迎えた時、横田滋さんは拉致被害者やその家族の様子を写真に収めるべく、ひたすらカメラのシャッターを切っていた。自分の娘は死んだと北朝鮮から突き付けられ、辛いだろうに、その気持ちを押し殺して……。私も胸に想いが込み上げて、涙が出てきたよ」

日朝首脳会談を機に北朝鮮は拉致被害者の調査を行っており、八人の死亡の経緯をまとめ、日本側に報告書を渡している。そこではめぐみさんについて「一九九三年に鬱病を発症し、入院した平壌の病院で自殺に及んだ」と記されていた。現在に至るまで北朝鮮は同様の主張を繰り返している。

めぐみさんは拉致された当時から精神的な不調を抱え、一九九〇年には衣類を引き裂いたり、枕元に包丁を隠す行為が見られたという。だが、このような北朝鮮の説明にはあまりに不審な点が多く、「めぐみさん自殺」の情報も根拠に乏しいものだった。日本政府としては、北朝鮮に再調査を求める必要があった。

二〇〇四年の五月二十二日に小泉は再び訪朝し、第二回日朝首脳会談に臨んでいる。この時は幹事長の立場にあった安倍は同行していない。

ただ、その頃の安倍は「今の時点で総理が訪朝するのは賛成しがたい。行方不明者の中には必ず生存者がいるのに、会談をすれば、北朝鮮が幕引きを図ることになる」と話していた。小泉の訪朝が目前に迫る五月十日に、私が安倍と面会した際にも、こんな考えを明かしていた。

「決して『めぐみさんが死んだ』と言われないようにしなければならない。それに（北朝鮮が死亡したと主張する）八人全員の帰国と、残りの行方不明者の安否の確認も徹底的に求めるべきで、この姿勢を断固として崩してはならない」

あくまでも生存者全員の帰国を前提に交渉を粘り強く続ける、これが安倍の終生変わらぬ拉致問題へのスタンスだったと言える。

第二回日朝首脳会談への不満

五月二十二日午前十一時。平壌の大同江《テドンガン》迎賓館にて第二回日朝首脳会談が始まった。当時の外務省幹部への取材によれば、小泉と金正日との間でかなり突っ込んだ議論が交わされたという。小泉は拉致問題について「被害者家族の帰国や、行方不明者の方々の調査という課題が依然として残っている」と切り出した。

一方の金正日は「前回、私たちは正直に話し、勇敢な措置を講じたつもりだ。それでこの話は終わると思っていた。しかし、その後、良くない問題が起こってしまった」と不満を滲ませていた。拉致被害者五人が日本帰国後に北朝鮮に再び戻らなかったことを指した発言のようだった。だが、続けてこう述べている。

「（五人の）拉致被害者が日本に行った後、私は我が国の外務省に『彼らが人質になったと考えてはならない』と伝えた。つまり、彼らが自分の母国に行けば、北朝鮮にいた頃とは考えも変わるのは当然だ。私たちが（拉致被害者を）まるで所有物のように返す、返さないと言うべきではなく、日本に行きたい人は行かせればよいし、残りたい人は残せばよい。これは外交の問題ではなく、むしろ人道上の問題として見るべきだ。私たちは新たに離散家族を作るべきではないと考えている」

さらに小泉が「行方不明や死亡したと報告された人の親は、自分の子の生存をまだ信じている」と訴えると、金正日はこう応じた。

「何かあればすべて出し切り、ゼロから調査し、一気に解決しようと考えている。私は共和国の代表として言うが、調査の結果、現時点で新しい報告は何も出ていない。ただ、私たちは次の世紀まで嘘を残していくつもりはないので、日本から依頼があれば、さらに調査を命じるだろう」

会談の中で小泉は、北朝鮮側に経済制裁の当面の回避や、食糧二十五万トン、医薬品一千万ドル相当の人道支援を約束。その見返りとして、曽我さんと夫ジェンキンスさんや娘二人との再会の段取りをつけ、蓮池さんと地村さんの子供たちと一緒に日本への帰国を果たしている。

ただ、この交渉結果に安倍は不満を隠そうとしなかった。

「食糧や医薬品の提供と、制裁の回避も事前に決めていた通りのことであって、もっと会談の場では突っ込んで交渉すべきだったと思う。例えば、『横田めぐみさんに関する証拠を、今すぐ持ってきて』と言えば、別の展開もあったかもしれない。そもそも会談時間も短かったし、金正日の思い通りになってしまったのではないだろうか。今後は巻き返しを図らないといけない」

結果として、その後、拉致問題は暗礁に乗り上げる。二〇〇四年十一月に平壌で第三回日朝実務者協議が開かれるが、そこで日本政府の訪朝団は、北朝鮮から横田めぐみさんが死亡した証拠として遺骨を渡される。だがその遺骨を日本に持ち帰ってＤＮＡ鑑定をした結果、別人の遺骨だと判明した。

首脳会談で金正日が小泉に誓った「次の世紀まで嘘を残さない」との約束は虚しく響くばかりで、日本政府は打開策を講じることもなく、ただ徒《いたずら》に何年もの時間が過ぎていった。

横田夫妻から安倍と岸田への手紙

〈昨今、私たち家族も高齢化し、体力的にも精神的にも弱っています。そのため、私たち二人も年齢や健康のことを考えて、私たちの孫とされているキム・ヘギョンさんに元気なうちに一度会いたいと思っております。日朝交渉に影響を与えてはいけないと考え、十一年の間、我慢してきました。私たちが訪朝するのではなく、せめて第三国で会えないかと願っています〉

二〇一三年十月三十日、痛切な想いを込めた筆跡で綴られた手紙が、安倍と当時、外務大臣だった岸田文雄に宛てて送られている。差出人は横田滋・早紀江夫妻。手紙が届いてしばらくして、私は安倍からその内容を明かされて衝撃を受けた。

ヘギョンさんとは、横田めぐみさんが拉致された後に北朝鮮で産んだ娘だ。ヘギョンは幼名であり、本名はウンギョン。

横田夫妻は二〇〇二年の第一回小泉訪朝の日、外務省から「めぐみさんは死亡したが結婚して娘がいる」と聞かされていた。また同年十月に日本政府のチームが、帰国する五人の拉致被害者を迎えに平壌の順安空港に行くと、そこにウンギョンさんの姿もあったという。手紙にある〈十一年の間、我慢してきた〉とは、それ以来の期間を指す。

滋さんも早紀江さんも孫娘に会いたい気持ちをずっと抱いていたが、複雑な政治状況がそれを許さなかった。会えば「めぐみさんは死んだ」と告げられる危険性があったからだ。その時点で生存を信じて続けた交渉も打ち切りを余儀なくされる。安倍自身も同じ考えを持っていた。

「以前、早紀江さんがウンギョンさんに会いたがっていた時に、『彼女に会ったら、めぐみさんのお墓に行きましょう、と言われてしまうかもしれません』と諭《さと》したことがあった。ご夫妻の気持ちは分かるが、お墓といっても、後から慌てて作ったり、中には何が入ってるか分からない。北朝鮮もそれでこの問題を終わらせようとするだろう」

横田夫妻も事情を呑み込み、慎重な姿勢を貫いていた。だがもはや、我慢の限界だった。手紙には〈今、会っておかないと私たちと孫娘との人間的な繋がりが残せない危機感を持っています〉とまで書かれていた。

安倍は二〇〇六年に米国側に働きかけ、早紀江さんと当時のブッシュ大統領との面会を実現させているが、その際に「早紀江さんは、ご高齢で体力も落ちているのに、身体を引き摺るかのように訪米した。本当に頭が下がる想いだ」と口にしていた。手紙を読んで、その場面を思い出したのかもしれない。早速、安倍は動き始め、外務省が極秘裏に北朝鮮側と交渉を重ねた。

めぐみさんの娘と面会

そして二〇一四年三月十日から十四日、横田夫妻はウンギョンさんとモンゴルのウランバートルで五日間にわたって面会を果たす。その時の模様は安倍に詳細に報告されている。

私が安倍から聞いた話と外務省関係者に取材したところによれば、五日間は以下のような経過を辿った。

まず十日に横田夫妻がウランバートルの迎賓館に到着すると、ウンギョンさんと夫、そしてその娘Aちゃんが出迎えたという。Aちゃんは横田夫妻のひ孫に当たり、まだ生後十か月だった。

早紀江さんは奇跡的な邂逅《かいこう》に感激し、ウンギョンさんに「本当に夢を見ているみたいで嬉しい。映画やドラマのワンシーンのようね。十一年前にあなたの映像を見て、すぐにでも会いに行きたかったけど、ずっと我慢してきたんです」と話した。滋さんも喜びながら「いずれ日本にも来てほしいね。その時はディズニーランドに連れて行ってあげたい」と語りかけた。

一方のウンギョンさんも笑顔を浮かべて、こう応じたという。

「お祖父さんが言うなら、ぜひ行きたいですね。幼い頃に父親から『お前は、お母さんに似て強情なところがある』と言われたのですが、今は娘が生まれて、友人たちから『娘さんは、あなたに似て強情だね』と言われるんです」

それを聞いた早紀江さんは「みんな母親に似たのね」と微笑んだという。一家にとっては幸福な時間が流れた。

翌十一日には和やかな雰囲気のもとで一緒に食事をし、贈り物の交換も行っている。横田夫妻はAちゃん用の積み木やアンパンマンの絵が入ったピアノのおもちゃ、一家のための衣類、日本の薬などを渡した。ウンギョンさんたちからは、自分たち一家三人を描いた油絵の肖像画や、お菓子などが贈られたという。

ただ、一方で早紀江さんは不安も抱えていた。迎賓館でそれぞれの家族は別の部屋に宿泊していたが、折を見て外務省の同行者にこんな心境を吐露したという。

「私は娘のめぐみが生きているかどうか知りたいのだけど、それをウンギョンに聞いてもいいものかどうか判断が難しい。言葉もなかなか通じにくく、相手に迷惑がかかってもいけないので……」

「やはりめぐみさんは生きている」

十二日の食事の際に、早紀江さんはこう切り出したという。

「日本では様々な情報が流れているけど、それらを聞いた上で、私は娘のめぐみがどこかで生きているると、今も信じています」

さらにその場で、二〇〇四年に北朝鮮から提供されためぐみさんの偽の遺骨についても話題が及んだ。たちまちウンギョンさんの表情は曇り、こう語り始めた。

「お祖母さんは、私の母の遺骨ではないという人たちの言葉は信じるのに、なぜ、孫である私の言葉を信じてくれないのですか」

そう言うと、ウンギョンさんは思わず泣き出してしまったという。それを見た早紀江さんは、「あなたのことは信じている」と取り成しながらも、想いを伝えた。

「北朝鮮の拉致被害者の中でも、日本に帰国できた人たちもいて、その人たちは『元気そうなめぐみさんを見た』と話しているので、生きているとしか思えないの。私たちはめぐみが生きていると信じなければ、生きていくことができないんです」

その後、二人の間ではしばらくこのやり取りが繰り返された。ウンギョンさんは「私も娘として母には生きていてほしいと思っている」と言いながら、一方で「私たちが住んでいるところに来て、直接確かめるのが一番いいのでは」と提案する場面もあった。

黙っていた滋さんは「機会があれば行きたい」と言うに留めた。だが、早紀江さんは「めぐみとウンギョンが一緒に日本に帰国して飛行機のタラップを降りる姿を見るのが、私たちの夢。だから、めぐみのお墓に行って、亡くなったとの説明を受けたとしても、決して諦めることはできない。日本でも大勢の人がそう考えているの」と言わざるを得なかったという。

愛する孫娘から「信じてほしい」と懇願されながら、あくまでも自分たちの信念を主張しなければならない。横田夫妻は胸が張り裂ける思いだっただろう。

ウンギョンさんは泣きながら「私が幼い頃に体調を崩したことがありました。母は入院していたのに、夜中に駆けつけてくれた。そんな母親の姿を今も忘れていません」と思い出を話したという。

最後の二日間はAちゃんの写真を一緒に見ながら歓談したり、通訳が席を外して家族水入らずで食事をする場面もあった。和やかな雰囲気のまま、横田夫妻は日本へと帰国したのだった。

安倍は面会の報告を受けた上で、冷静にこう考察している。

「ウンギョンさんが、泣きながら訴えた『母は死んだ』『信じてくれないのか』という言葉は非常に強いものだね。ただ、彼女自身めぐみさんの臨終は見ていないだろうし、その上で『死んだ』と断定口調なのは、北朝鮮当局から無理に言わされている可能性もある。私はやはり、めぐみさんは生きていると感じたよ」

新たに二名の生存者

横田夫妻とウンギョンさんの対面も影響して、二〇一四年五月には、政府間協議の末に「ストックホルム合意」が結ばれている。これにより北朝鮮は従来の「拉致問題は解決済み」とする立場を改めて、特別調査委員会を設置。拉致被害者を含めて日本人行方不明者の全面的な調査に乗り出すことを約束した。画期的な合意であり、安倍も大いに期待を寄せていた。

「今回の特別調査委員会には、北朝鮮の秘密警察・情報機関である国家安全保衛部の幹部も入っている。大きな権限が与えられている証拠で、今までとは本気度が違うはずだ」

だが、すぐに出鼻を挫かれる。一向に調査委員会からの報告が出なかったのだ。同年八月に政府高官が極秘接触した際、北朝鮮側は「まだ何も判明していないので、勘弁してほしい」と弁明もしている。

進展があったのは、二〇一四年の秋頃から一五年にかけてのことだった。北朝鮮側から、一九七八年に拉致された元ラーメン店店員の田中実さんと、拉致の可能性がある行方不明者で田中さんと同じ児童養護施設出身の金田龍光《たつみつ》さんが平壌で生存していると明かされたのだ。だが一方で、めぐみさんを含む八人の拉致被害者については「死亡」との結果を覆さなかった。

安倍をはじめ日本政府は難しい判断を迫られた。北朝鮮は日本側に、新たな生存者二名と、八名の死亡の調査結果を一括で公表することを求めた。だが、日本政府としては、遺骨など決定的な証拠も提供されていないのに、八名死亡という結果を認めることは絶対にできない。もし北朝鮮の意向を呑めば、拉致問題の幕引きが図られるからだ。

最終的に日本側は、生存者二名の報告書を受け取らない判断をくだす。安倍は生存者全員の帰国という前提にこだわり続けたのだ。日朝間では粘り強い交渉が続いたが、二〇一六年一月から二月にかけて北朝鮮が、突如として、核実験と弾道ミサイルの発射に踏み切り、一方的に特別調査委員会の解体が告げられる。拉致問題をめぐる交渉は再び停滞を余儀なくされた。

トランプを仲介役に交渉

第4章でも触れたが、その後の安倍は強力な信頼関係を築いたトランプ米大統領を仲介役にして、金正恩との交渉や拉致問題の進展を図ってきた。

二〇一八年六月にシンガポールで開かれた史上初の米朝首脳会談にあたって、安倍はトランプに「あなたの口から金正恩に『拉致問題について晋三と直接話をするべきだ』とメッセージを伝えてほしい」と依頼。トランプは実際に会談の場で、拉致問題への対応を強く迫っている。一九年二月にハノイで行われた第二回米朝首脳会談でも、トランプが「拉致問題が進展を見せていない」と追及し、金正恩が言い逃れを繰り返す緊迫した場面があったという。

だが、結果として金正恩との交渉ルートは開かれず、安倍との会談も実現する兆しがなかった。次第に安倍は焦りを募らせるようになる。二〇一九年五月に、日朝首脳会談について「前提条件なしに実現を模索する」と発言し、拉致問題の解決を前提とする、これまでの方針転換を図ったと受け止められた。トランプからの働きかけを生かすため対話路線に転じたとも言えるが、実際は、手詰まり状況が続くことへの焦りが大きかったと私は見ている。

冷え込んだ米朝関係

金正恩との会談は果たせぬまま、第二次政権末期にさしかかると、拉致問題解決の機運は徐々に萎んでいった。二〇二〇年六月には、横田滋さんが老衰で死去。八十七歳だった。めぐみさんとの再会はついぞ叶えられなかった。安倍は「本当に申し訳ない思いでいっぱいだ」と無念さを滲ませた。

翌二〇二一年一月にはトランプが退陣し、バイデン大統領が就任したが、金正恩との関係は一気に冷え込んでいく。

ただ、このように拉致問題が暗礁に乗り上げる中で、安倍が最も懸念していたことがある。

「北朝鮮がＩＣＢＭ（大陸間弾道ミサイル）を完成させる前に、拉致問題をはじめ北朝鮮との交渉は決着を付けなければならない。時間との勝負なんだ」

度々こう口にするのを、私は耳にした。核弾頭を搭載したＩＣＢＭが、米国を射程に収められるようになれば、北朝鮮の立場が優位になり、いよいよ米国の協力を得ながら交渉する余地がなくなる。安倍の焦りの最大の原因はここにあった。だが、北朝鮮の核・ミサイル開発の発展は目覚ましいものがある。

北朝鮮が二〇〇六年にテポドンを発射した際、安倍は官房長官だった。当時の北朝鮮の技術では、発射前の兆候を政府が摑むことができたため、私たち記者の間でも、発射したか否かの事実自体が取材合戦の対象だった。今にしてみれば、悠長な時代だ。安倍も「ミサイルに液体燃料を注入したかどうか分からない。天候が悪いと見えないし、注入には二十四時間から七十二時間かかるらしい。本当に発射するんだろうか」などと答えていた。

だが、今はまるで状況が違う。連日のようにミサイルが日本の上空や領海上を飛び、Jアラート（全国瞬時警報システム）が鳴り響く。二〇二三年三月に北朝鮮は飛距離一万五〇〇〇キロで、米国全土を射程に収める新型ICBMの発射に成功したと発表。燃料注入の必要もなく、奇襲的な攻撃も可能な固体燃料の開発も着々と進んでいる。日朝間に横たわる溝は広がる一方であり、それと同時に安倍の懸念が遂に現実のものとなった——。

ただ、退陣後も安倍は拉致問題への意欲を失わなかった。

二〇二二年一月に首相の岸田とパレスホテルの日本料理店「和田倉」で会食をした際に、ロシアや中国との外交をめぐって意見を交わしている。この席で拉致問題についても話題が及び、岸田が「何をもって解決とすればいいのか……」と悩みを吐露すると、安倍は岸田を叱咤激励するかのように持論を主張したという。

「北朝鮮側が『拉致被害者は死亡した』と言っても、決して認めるわけにはいかない。あくまでも生きていることを前提に交渉しなければ、日朝国交正常化は実現しないんだ」

私が安倍の口から拉致問題の話を聞いたのは、これが最後だった。

二〇二二年七月、安倍が凶弾に斃れた際、早紀江さんは「非常に悲しくてどうしようもなく、うちのめされています」と胸の内を語った。安倍というキーマンを喪った今、拉致問題、そして北朝鮮の核・ミサイル問題は解決の糸口すら摑めぬまま、時間ばかりが虚しく過ぎている。

第6章 習近平との対決

平成30年10月、日本の首脳として七年ぶりに中国を公式訪問し、北京で日中首脳会談を行った（写真　内閣広報室）

中国の習近平国家主席との数次にわたる日中首脳会談において、安倍が習の本音を垣間見るようになったのは、二〇一八年頃からだ。

例えば、同年十月二十六日に、中国・北京で行われた首脳会談の後の夕食会。この時は昭恵夫人と習の妻である彭麗媛《ほうれいえん》夫人も席を共にしている。

「あなたのお父様は、日中平和友好条約の締結のために大変な貢献をされました」

夕食会の冒頭、習はこう言って、安倍の父・晋太郎のことを褒め称えた。安倍は、一九八四年に中曽根康弘総理の訪中に同行した父の外相秘書官として初めて中国を訪れていた。

テーブルには、ロブスターのチーズ焼きや雲南《うんなん》風アカハタのフィレ、牛肩ロースのソース掛けといった料理が並び、両夫妻の話題は多岐に及んでいった。習近平がこれまで訪れたことのある日本の地の思い出話を懐かしく語り、スター歌手でもある彭夫人は日本公演を行った時のことを振り返ったという。

翌年に日本でのラグビーワールドカップの開催を控えていたことから、スポーツの話にも花が咲き、東京五輪やサッカー、バレー、相撲の話題が続いた。

習は笑いながら、こんな不満も口にしたという。

「最近は中国のサッカー代表のことで怒ることが増えました。昔は日本と大して差がなかったのに、中国は弱いままです」

安倍は、「サッカーのワールドカップに中国が出るのは難しい」という習に対して、「ワールドカップ本大会に確実に出場する方法があります。それは自国で開催することですよ」と、ユーモアを交えて返した。

さらに安倍が「東京五輪は開催都市が新種目を提案できるが、相撲だとモンゴル勢が金銀銅を独占してしまうので止めました」と冗談半分に言うと、習も笑いながらこう応じている。

「ウラジオストクの東方経済フォーラムで、大相撲で活躍した朝青龍さんにお会いしました。大柄な人が歩いており、『なんだか見たことがある人だ』と思っていたら、朝青龍さんだったのです。日本は伝統を重視しますが、相撲もその一つ。古くから続くルールが面白いですね。私も十数年前には、仕事を終えて帰宅すると、まずはテレビで相撲を見るのが習慣でしたよ」

日本人ならどの政党に入るか

ひとしきりスポーツの話題が続いた後、安倍はこう言って習を持ち上げた。

「習主席が就任当初から、反腐敗活動などの改革に力を入れていることに敬意を表します」

すると、習はこんな考えを明かしたという。

「反腐敗活動は人の身体がウイルスを追い出すように、政治家としての務めだと思っています。ただ、共産党による一党支配の体制では、反対する党がいません。反腐敗活動は医者が自分の身体にメスを入れるようなもので、その分、苦労も多いのです。ただ、私は自分の腕を切り落とす覚悟でやり遂げるつもりです。トラだろうがハエだろうが叩かなければなりません」

中国はかつて立憲君主制や西欧のような民主主義体制を試みた時代もあったが、最終的に共産党による一党支配体制の道を選んだ、と習は述べ、次のように語ったという。

「世界各国のどんな体制にも存在するだけの道理があります。以前、オバマ大統領と会談した際に、『もし米国に生まれれば、私は共産党には入党したくない。米国の共産党には何の地位もないからです。共和党か民主党のどちらかに入党するでしょう』と冗談を言ったことがあります。一方で中国人であるからには、最も政治的に影響力のある共産党に入る他に選択肢はないのです」

この習の発言は、前述した『安倍晋三回顧録』でも披露された。安倍は、習が政治権力を掌握するために共産党に入った強烈なリアリストだと感じたと述懐している。

実は、この場面には続きがある。安倍は「となると、習主席が日本に生まれていれば、私たちの自民党に入っていたということでしょうか」と尋ねているのだ。すると習は笑顔を浮かべてこう答えたという。

「日本には生命力を持った政党が数多くあります。私が日本人なら、その中から最も生命力のある政党に入りますね（笑）」

この発言を聞いた瞬間、習の側近たちの顔は見る見るうちに青ざめたという——。

最初の首脳会談では笑顔なし

二〇二三年三月の全国人民代表大会を経て、国家主席として異例の三期目体制を本格的に始動させた習近平は、現在も国内で絶大な権力を維持している。習は国家主席であると同時に、共産党総書記、中央軍事委員会主席でもあり、国家、党、軍の三つのトップを独占し、側近をかつての部下など身内で固めている。前年十月の共産党大会の開幕式では、壇上で書類を見ようとした胡錦濤《こきんとう》前国家主席が係員に腕を摑まれ途中退席を促されるという映像が流れ、世界に衝撃が走った。映像には、隣席から胡を冷ややかに見ている習の姿もあった。

その強権的な姿勢から、「真の習近平時代」に移行したと指摘する声も多い。しかし、ここに綴った安倍との会談での習の発言は、今後は聞くことができないような人間味のある内容で、ユーモアのセンスも垣間見える。

安倍は、二〇一二年に共産党総書記、二〇一三年に国家主席となった習と、幾度も首脳会談を行ってきた。だが、習は警戒心が非常に強く、何かの出来事をきっかけに一気に関係性が深まるようなタイプではない。それこそ階段を一段ずつ登るがごとく、長い時間をかけて地道な交流を重ねることで、安倍は徐々に本音を引き出せるようになったのだ。

第二次政権発足後に地球儀俯瞰外交を掲げた安倍だったが、相手国との距離感に最も気を遣ってきたのが中国だった。第3章でも述べたが、二〇一三年十二月の靖国参拝は、安倍がまだ習との首脳会談を行っていない時期に狙い定められたものだった。中国は猛烈に反発したが、結局その一年後、二〇一四年十一月にAPECの場で習との初の首脳会談が行われている。

安倍や外務省幹部から聞いた話では、日中首脳会談の場では、忌憚のない意見交換だけでなく、時には激しい議論が交わされることもあったという。

保守政治家として日本の国益を守るために主張するべきは主張する一方で、相手の言い分に耳を傾けてリアルな判断を行うことも求められた。過去の安倍への取材メモをもとに、安倍による対中外交がどのような軌跡を辿ったのかを検証したい。

第一次政権で「氷を砕く旅」

二〇〇六年九月に発足した第一次政権で、安倍が最初の外遊先として選んだのが中国だった。これは日米同盟を重視し、就任後の最初の訪問先には原則として米国を選んできた歴代政権の慣例を破る意外な選択だった。安倍の総理就任時は、小泉純一郎が総理時代に毎年靖国神社を参拝していたことで、日中関係が冷え込んでいた時期。ゆえに、安倍の訪中は「氷を砕く旅」とも評された。幹事長代理や官房長官時代に、小泉の靖国参拝を批判する中国に対して「内政干渉だ」と強硬な姿勢を崩さなかっただけに、いきなりの訪中は予想外のことと受け止められた。

当時の取材メモを見返すと、二〇〇六年十月の訪中を終えた後に、安倍のこんな言葉が残っていた。

「胡錦濤との日中首脳会談は、予想以上にうまくいった。実は外務省があらかじめ用意していた応答要領には『村山談話』など中国への戦争責任の謝罪に触れる話が書いてあったんだ。でも、わざわざ会談の場で自分から持ち出す必要はないと思って、中国へ向かう飛行機の中で『多大な苦しみ』とか『戦後六十年経った思いは同じ』といった言葉に書き直したんだ。会談当日も自分の言葉で話すよう努めたよ。

外務省の案には『自由と民主主義と法の支配』という私が好んで使うワードも入っていなかったので、会談の場では自分で使った。どうやら外務省は、そうした言葉を使うことで中国が気を悪くすると心配したのだろうけど、会談の場ではきちんと自国の主張をして多少強く押したとしても、失敗しないものだよ」

第一次安倍政権において中国外交のキーワードとなる「戦略的互恵関係」を打ち出したのも、この時の成果だ。

ただ、これ以降、安倍は中国についてほとんど私の取材で言及していない。第2章で触れたように、度重なる閣僚の不祥事に伴う辞任ドミノや消えた年金問題、参院選での惨敗など、内政の対応に追われ、とても中国との関係を深める余裕などなかったというのが実情だろう。

二〇一二年の第二次政権発足当初、日中関係はかつてないほど険悪な雰囲気だった。同年九月に民主党の野田政権下で日本政府が尖閣諸島を国有化したことで、中国各地で激しい反日デモの嵐が吹き荒れた。日系のスーパーや百貨店では略奪が起き、日本食レストランや日系企業の工場にも暴徒が押し寄せた。安倍にとっては、その尖閣国有化の余波が収まらない中での政権復帰であった。

さらには前述したように、二〇一三年十二月に安倍は靖国参拝をし、中国の激しい怒りを買った。翌年の習近平との初の首脳会談では、最初に安倍が「お会いできて、非常に嬉しい」と笑顔で挨拶をしたのに対し、習は何も答えず、憮然とした表情で視線を逸らしたのだ。この時、安倍は日中関係の改善が、茨の道であることを痛感していた。他方で、首脳会談が成立する前に靖国神社参拝を完了させた自らの戦略に、自信も深めていた。

AIIB参加への逡巡

その後、二〇一五年頃までは、日中関係の冷え込みが続き、安倍も習近平の真意を捉えあぐねている場面が多く見られた。

例えば、中国が主導した「AIIB（アジアインフラ投資銀行）」をめぐる事案が象徴的だ。アジアのインフラ整備や開発への金融支援を目的とする銀行だが、二〇一五年の発足に伴い、中国が創設メンバーを募ると、イギリスやフランス、ドイツなど、各国が雪崩を打ったように参加を表明。その数は五十七か国にのぼった。

だが、この時、安倍は迷った末に、判断を保留している。すでに日本と米国が最大の出資をするADB（アジア開発銀行）があったのも理由の一つだ。だが、何より中国による組織運営の中立性や透明性の確保に懸念を抱いていた。

二〇一五年三月十七日の電話で、安倍はこう悩みを漏らしている。

「AIIBは財務省が参加に反対しているけど、外務省が珍しく『入るのも手ではないか？』と言ってきた。イギリスもドイツも参加しているので、私も日本が入るのは一つの手段だとは思う。第一陣の参加締め切りには間に合わないので、次の機会になるだろうが、世界で孤立してしまうよりは、日本も嘴《くちばし》の先だけでも入れた方が現実的なのかもしれない」

その後も連日のように「入るのが損か得か、シミュレーションを始めている」とか「あらゆる選択肢を模索するのが当たり前だ」などと逡巡する状況が続いた。

四月三日には、安倍はこんな話も明かしている。

「ドイツのメルケルと電話で会談したら、『AIIBに先に入ってしまって、ごめんなさい。イギリスもフランスも参加表明が早くて……。でも日本も入って、AIIBのガバナンスを監視した方がいいかもしれない』などと言っていた。日本に先駆けて入ったことを申し訳なく思って、弁明してきたのかもしれないな」

結局、日本は米国と同様、参加を見送ることになる。これも当時の中国との距離感が影響していたと言える出来事だろう。

習近平の態度が変わった

前述の『回顧録』の中で、安倍は習近平との会談を〈16年9月、中国・杭州での主要20か国・地域（G20）首脳会議の時に会ったら、（習近平が）和やかな感じに変わっていた〉と振り返り、突然、関係が改善されたと語っている。安倍自身にも何がきっかけになったか、思い当たる節がないような話し振りだ。

だが、実はその一年半ほど前の二〇一五年四月二十二日、インドネシア・ジャカルタで行われたバンドン会議での日中首脳会談の際に改善の兆しはあった。

当時、安倍は私に感慨深げにこう語っていたのだ。

「首脳会談の後に私が『妻（昭恵）がよろしくと言っていました』と伝えると、習近平は『安倍さんは奥さんを、連れて来られなかったのですね』と言ったんだ。だから私が『はい、今回はジャカルタの滞在も短かったので』と答えると、すぐさま『私は、妻を連れて来ましたよ』と言っていた。初めて習近平との間で私的な会話が成立したよ。これは前進だ」

首脳会談の場でも、習はあらかじめ用意された原稿を読みながら話す。そんな日頃の姿勢を思えば、確かにこの時の会話は珍しく、安倍も距離を縮められた感触を摑んだようだった。

その翌月には、当時、自民党総務会長だった二階俊博が三千人もの観光業界関係者を引き連れて訪中し、習と会談している。

二階は幹事長就任後の二〇一七年にも安倍からの親書を携えて、首相秘書官の今井尚哉とともに訪中し、習に手渡している。そこには中国が掲げるシルクロード経済圏構想「一帯一路」を条件付きで評価する文言が記されていた。こうした周囲の動きも、日中関係改善の下地を整える上で一役買ったと言えよう。

また、この二〇一七年には、安倍が自民党総裁を連続三期九年まで務めることが可能になる党則変更が行われ、十月の衆院選でも自民党が大勝している。習の目には、さらなる長期政権を築こうとする安倍が、交渉を続けるべき相手として映ったはずだ。第2章でも触れたが、九月の衆院解散当日に、安倍は急遽予定を変更して、日中国交正常化四十五周年の祝賀パーティーにも出席している。こうした中国への細やかな配慮も忘れなかった。

何か一つの大きな出来事ではなく、このような様々な条件や要因の積み重ねこそが、習近平の態度の軟化に繋がったと言えよう。それはまさに安倍が『回顧録』で振り返った二〇一六年九月の日中首脳会談で、習が安倍に日中関係の改善策として提案した「マイナスを減らしてプラスを増やしていこう」という方針を体現するような地道な交流だった。

「日本のコメは品質が良い」

習近平から本心に近い発言を引き出せるようになって以降、中には驚くべき発言もあった。例えば、二〇一八年九月にロシア・ウラジオストクでの東方経済フォーラムに合わせて行われた日中首脳会談でのことだ。

日中間の懸案事項を話し合う中で、安倍は、二〇一一年の福島の原発事故以降の中国による日本産食品の輸入規制に触れた。そして「日本産米の輸出拡大を望んでいる」と、中国側の規制解除を求めている。それに対して習は率直にこう語ったという。

「私も日本料理が好きですから、福島の放射能漏れの問題が起こったことで、日本産食品の輸入に支障を来し、食べられなくなったのは残念です。日本のコメは品質が良くて、お寿司なども味が違いますすね」

ただ、輸入規制を解除する条件として、習は科学的な安全検査が必要だと考えていた。

「昔、中国から輸出した冷凍ギョーザが日本国内で大問題になり、それ以降、輸出ができなくなったことがありました（二〇〇八年の中国製冷凍ギョーザ中毒事件）。今回の放射能の問題は、その当時と比べても深刻だと思います。ただ、厳しい安全検査を行うことができれば、問題は解決するはずです」

私はこの話を聞いて、習がここまで日本のことを褒めるのは極めて珍しいと思った。また、過去のこととはいえ、冷凍ギョーザ事件のような敏感な話題を敢えて持ち出すあたりにも、習の日中関係改善を望む前向きな姿勢が感じられた。

実際に会談の成果もあってか、二か月後の二〇一八年十一月に、中国は新潟県産のコメの輸入規制を解除している。また、中国は二〇〇一年にＢＳＥ（牛海綿状脳症）問題が発生して以降、日本産牛肉の輸入も禁止していたが、二〇一九年十二月には輸入を再開している。

米中の仲介役

歴史問題や尖閣諸島を含む東シナ海の安全保障問題など、日中間には長年の課題も山積していた。ようやく互いに胸襟を開いて語り合う土台が整ったのが、冒頭でも触れた二〇一八年十月二十六日の首脳会談だった。「競争から協調へ」「お互いパートナーとして脅威にならない」「自由で公正な貿易体制の発展」など、新たな時代の日中関係の方針となる三原則を確認したのもこの会談だ。

また、この年は米中貿易摩擦が激しくなったこともあり、会談でも話題になる。習は米国の振る舞いに断固として反対する姿勢を示した。

「米国の一国主義的な措置は明らかにＷＴＯ（世界貿易機関）のルールに違反しており、世界経済に大きな悪影響を及ぼしています。トランプ大統領のやり方こそ覇権主義的ではありませんか。米国と中国は『和すれば共に利し、戦えば共に傷つく』関係であって、貿易戦争を起こしても何も解決しないのです」

トランプは、中国との貿易収支の不均衡を問題視し、この年の一月に太陽光パネルなどへの緊急輸入制限を発動した。三月に鉄鋼やアルミニウムに追加関税をかけると、翌月には中国が報復措置として米国の農産品に追加関税をかける。以来、両国が互いに毎月のように制裁措置を科し合い、事態は泥沼化していた。

おのずとこの頃の首脳会談の話題の多くは米中関係に割かれた。安倍によれば、習は米国について「彼らの真の目的は、貿易赤字の削減ではなく、中国の発展を封じ込めることにあるのではないですか」と不満を吐露し、こう続けたという。

「米国国内で『中国は卑怯なやり方で発展したのだから、経済的に自分たちを上回るようであれば、第三世界に蹴り戻すべきだ』との批判の声も出ていると聞きます」

習自身は貿易戦争の解決策を模索しているとも主張したが、最後にはこう語気を強めた。

「ただ、もし米国が、中国は制裁に我慢ができなくなって、そのうち諦めると考えているのであれば、それは大きな間違いであり、中国を見くびっています」

激しい憤りを露わにする習だったが、一方でトランプ個人については「彼とは良い関係にあると思います。この友情を大切にしたい」と冷静な考えを示していたという。

それに対して、安倍もこう応じている。

「先日、トランプ大統領と食事をした際に、習主席のことを非常に高く評価していました。『習近平主席とは打ち解けた信頼関係を築けている』とも話していました」

すると習は笑みを浮かべたという。安倍は、この習との会談で米中対立を緩和させようとしたと言える。

私はこの会談に安倍外交の一つの成果を見た。対米重視の姿勢から、安倍はトランプとの間に世界でもいち早く蜜月関係を築いている。だからこそ習は安倍を重視して、自身の米国への考えを率直に話しているのだ。

さらに安倍は「地球儀俯瞰外交」を掲げて世界中を飛び回り、各国と信頼関係を結んでいた。その延長線上で日本がＥＵ諸国と協力する形で、当時、覇権主義を強め、猛烈な勢いで経済成長を遂げていた中国を、何とか国際ルールに従うよう取り込む目論見があった。当然、習近平もその動きを意識していたのであり、会談中の安倍への姿勢を見ていると、その目的も少なからず果たされているように感じた。

「李克強の立場を悪くしかねない」

戦争責任など歴史問題をめぐっても、二〇一八年から一九年にかけてが、最も融和ムードが高まった時期だと言える。それは、特に二〇二三年三月に首相を退任した李克強《りこつきょう》との会談に如実に表れている。

安倍はどちらかと言うと、太子党（共産党の高級幹部の子弟）出身の習近平よりも共青団（中国共産主義青年団）出身の李克強に率直な物言いをしているように見えた。李は日本通であり、ユーモアを交えながらの丁々発止の会話を得意とする。習とは異なるタイプだった。

安倍がよく語っていた李との逸話が、二〇一八年五月に行われた日中首脳会談でのある出来事だった。東京での日中韓サミットの開催に合わせて李が訪日していた。

安倍と李には事前に日中韓が発表する共同宣言の文案が渡されていたが、そこに問題の火種があった。「歴史」の項目が盛り込まれ、「歴史を鑑として」という文言が書かれていたのだ。これはかつて日本が、中国へ侵略戦争を仕掛けたことへの反省を求める意味合いを持つ。

「共同宣言にこの文言が入れば、歴史問題に過度に注目が集まり、日中韓の未来に向けた雰囲気が崩れてしまうのではないか」

安倍が懸念を示すと、李は考えをめぐらせた。すかさず外交部長の王毅《おうき》が李のもとに近づき、日本の意向に沿って北朝鮮の「拉致問題」を宣言に入れるのだから、「歴史問題」で譲るわけにはいかないと抵抗したという。

「中国国内にも言い分がある。何か良い案はないでしょうか」と尋ねる李。それに対して安倍は「『悠久《ゆうきゅう》の歴史』という文言はどうか」と提案したという。結局、その場では解決を見ず、記者発表の時間を挟み、議論は晩餐会に持ち越された。

晩餐会の最中に王毅が新たに作った三案を示すも、李は「これでは安倍総理は納得しない」と突っぱねている。そして、議論の末、最終的には李の独自の判断で「『日中韓三か国の間には、悠久の歴史と久遠《くおん》の未来がある』という文言はどうか」と大幅に譲歩する提案をしているのだ。安倍も「問題ありません」と納得した。なおも食い下がる中国の事務官たちを李が説得する一幕もあったという。

おそらく習近平とは異なった判断で、安倍も「中国における李克強の立場を悪くしかねない事案だった」と心配をしていた。ただ、裏を返せば、李は懸案の歴史問題でも日本側の言い分を呑むほどに、安倍のことを信頼していたと言える。

領海侵犯への強い抗議

「来年の桜の季節には、習主席にぜひ、国賓として日本にお越しいただきたい」

翌二〇一九年六月、G20大阪サミットの開催前日に開かれた日中首脳会談で、安倍はこう提案した。習も快諾している。さらに第4章でも指摘したように、サミットの議長国として安倍は貿易戦争で険悪になっていたトランプと習の仲を取り持ち、会期中の米中首脳会談の実現にもこぎつけている。こうした成果からも、日本と中国が最も良好な関係にあった時期と言えるだろう。

他方で安倍には中国に対して譲れない一線があった。それは東シナ海をめぐる安全保障問題だ。また、中国が抱える人権問題にも、安倍は是正を求めるべきだと考えていた。友好関係ばかりを強調するのではなく、たとえ習近平の表情が曇ろうとも、言うべきことは言わねばならない。当然、それが首相の務めであり、安倍が常に心掛けていたことだった。

この頃は、尖閣諸島の周辺で、中国船が領海侵犯をする事態が頻発していた。

大阪の地で、安倍はこう主張したという。

「習主席には東シナ海の問題にも目を向けていただきたい。私たちが掲げる『平和、協力、友好の海』とはほど遠い事態です。尖閣諸島の周辺で中国の活動が活発化していることには驚きを禁じ得ません。習主席ら指導部が日中関係を改善しようとしているのに、その熱意と誠意が東シナ海での状況に反映されていないのではないでしょうか」

かなり強い抗議ではあったが、習は「日本と中国が『永遠の隣人』であるがゆえに起こる問題です」と応じた。その上で前年、防衛当局間で海空連絡メカニズムの協議が合意し、ホットラインの開設が進んでいることへの歓迎の意向を示した。艦船や航空機の突発的な遭遇を回避するための協議を評価する趣旨で、言わば建て前的な発言に留めたとも言える。

また、安倍が人権問題について「世界的に見ても人権の尊重が保障されることが国民の安定には重要で、日中間で互いの経験を共有したい」と話すと、習の反応は思いがけないものだった。

「中国は人権の問題にしっかり取り組んでいて、この数十年間で七億人が貧困から抜け出しています。いまだに台湾人は『中国では茶葉で煮た卵を食べられない人がいるらしい』とネット上に書き込んでいるそうですが、私は台湾のすべての人にゆで卵を買ってやりたいくらいです。現在の台湾のGDPは中国の五パーセントに過ぎません。それほど中国の経済発展は目覚ましいもので、人権の問題は解決したのです」

こうした議論はあったものの、全体的に見れば、この会談は終始、和やかな雰囲気だった。

同日の夕食会では、安倍が「最近の日本では秦の始皇帝の若き頃を描いた漫画が大人気で、映画化もされて話題になっていますよ」と漫画『キングダム』の話題を出すと、習は「始皇帝と言えば、不老不死の薬を求めて数百人もの少年たちを蓬萊山《ほうらいさん》に探しに行かせたらしい」などと応じたという。また、料理に神戸牛のすき焼きが供されると、習は不思議そうに「肉を生卵につけるのですか」と聞き、安倍の食べる動作の見様見真似で、すき焼きを味わっていたという。

香港とウイグルへの弾圧

だが、後に安倍のこの直言を辞さぬ姿勢が、二人の関係に緊張感を走らせた――。

同じ二〇一九年十二月二十三日に日中韓サミットに合わせて北京で行われた日中首脳会談でのことだ。

「一帯一路構想」や翌年に予定されていた東京五輪など様々な話題の中で、安倍は変わらず尖閣諸島の問題に懸念を示している。さらに民主化デモが激化する香港情勢に触れて「『一国二制度』のもと、自由で開かれた香港の繁栄が重要であり、今の状況を憂慮している」と伝えた。すると習は厳しい口調でこう答えたという。

「あくまでも香港の問題は中国の内政問題であり、海外の国が口を挟むことには断固として反対します。香港政府は自ら問題を解決するでしょう。私たちの措置は一国二制度に反するものではないし、もし中国の法律を適用すれば、香港で民主化デモの動きは出なかったはずです」

二人の間に不穏な空気が流れた。安倍は、いったんは日本産食品や貧困問題など、別の話題に切り替えた。

だが、すぐさま中国による弾圧や人権侵害が行われている新疆ウイグル自治区の問題に触れて、「国際社会が注目する中で、人権問題について中国政府の透明性のある説明を期待している」とはっきり述べたのだ。また、続けて南シナ海への中国の海洋進出についても「ＡＳＥＡＮ諸国からも懸念の声が上がり、あの海域に関わる国々の権利が守られるよう平和的な解決を望んでいる」と指摘した。

その瞬間、サッと習の表情が強張った。そして息をつく間もなくこう捲し立てたという。

「新疆ウイグル自治区の問題は香港よりも、さらに内政に関する問題であり、内政干渉には断固として反対します。中国は、新疆でテロに反対する活動を進めているので、それを客観的に見てほしいのです。実際に視察もせずに、反対の声を上げないでいただきたい。

また、東シナ海に問題があるからといって、日本側が南シナ海についても当事者のように意見を言うのは慎んでいただきたい。中国側はあの海域に関わる国々と、ルールの策定に向けて、直接対話をしている最中です」

いずれの話題も「自由と民主主義と法の支配」を掲げる安倍にとって、決して避けることができない議論だった。だが、この首脳会談を最後に安倍は習近平と会っていない。直後から新型コロナが世界的に蔓延し、日中間の往来が途絶えたからだ。

菅、岸田へのアドバイス

増大する中国の脅威にいかに対処すべきか――二〇二〇年九月に退陣してから、凶弾で命を落とすまでの間も、中国は安倍の脳裏から片時も離れない懸案事項だった。その証拠に、後継の総理となった菅義偉と岸田文雄の考えは基本的に尊重する安倍だったが、対中国政策となると、二人に遠慮なく意見を述べていた印象がある。

第1章でも触れたが、大統領に就任したばかりのバイデンとの日米首脳会談を目前に控えた菅に対し、安倍は「まずは日本が抱く中国への厳しい見方を伝え、バイデンの考えを引き出した方がいい」とアドバイスをした。その結果、日米首脳共同声明には中国を牽制する文言が並び、「台湾海峡の平和と安定」という、半世紀ぶりに台湾に言及した一文も明記されることになった。

岸田にも中国をめぐって注文をつける場面があった。二〇二二年一月、パレスホテルの日本料理店「和田倉」で二人はロシア、北朝鮮、そして中国に対する外交観を話し合っている。

後に安倍は私にこう語っていた。

「岸田さんは『欧米は中国と強かにやっているから、日本も取り残されないようにしないと』などと心許ないことを言っていた。だから、私は岸田さんに『確かに交渉の場での中国の意志は強いが、重要なビジネスの相手でもあるので、きちんと腰を据えて、譲歩をせずに、むしろ中国側から寄ってくるような交渉をしなければいけない』と忠言したんだ」

安倍は二人の後継総理の中国への対応に物足りなさを感じていたのかもしれない。安倍の中では、自身は難敵である習近平と対等に渡り合ってきたという自負があったのだろう。

すでに述べたように、生前の安倍は米国の力の空白を見据え、仮に中国が台湾への攻勢を強めるとすれば、米国のバイデン大統領と蔡英文総統が政権交代する可能性がある二〇二四年から二五年が濃厚だと考えていた。

その際には世界中の首脳と交渉すべく自分が総理の座に返り咲き、日本国民の陣頭指揮を執る局面が来るかもしれない。そんな覚悟が安倍にはあった。この台湾情勢こそが、安倍が総理三選を見据えた最大の理由の一つでもあったのだ。

第7章　生前退位と未来の皇室像

令和2年1月9日、皇居で行われた午餐会で天皇陛下と談笑する。
右は副総理兼財務大臣の麻生太郎（写真　宮内庁提供）

「一体どういうことだ！　宮内庁側から事前の連絡はなかったのに」

電話口の向こうで、安倍は驚きの声を上げた。二〇一六年七月十三日、午後七時少し前。NHKが一本の速報を打った。

「天皇陛下『生前退位』の意向示される」

続いて始まった午後七時からの「ニュース7」で社会部がスクープの詳細を解説すると、衝撃は瞬く間に全国に広まった。天皇（現上皇）は八十二歳の高齢となり、今後、日本国憲法で定められた象徴としての務めを十全に果たし得なくなるのではないかとのご懸念を抱かれていた。そのため、数年以内に皇太子への譲位を望まれている——想像していなかった事態に、当時、官邸記者クラブにいた私も呆気に取られた。

驚き冷めやらぬ様子だった安倍も、すぐさま生前退位を行う上での問題点を悟り、その晩の電話でこう語っている。

「現行の憲法上、陛下のご意向だけでは退位は認められないはずだ。それを可能にすれば、政府の思惑で強制的に天皇を交代させる余地を生んでしまう。摂政の制度は法律上認められているが、天皇陛下は摂政の設置を望まれていないはずだ。皇室典範を改正して恒久法として生前退位を認めるのか、それとも一代限りの特例法とするのかも議論が分かれるところだろう。これは国体に関わる重大事だ。とても簡単にクリアできる案件ではないが、何とか政府の責任で成し遂げなければならない」

実は予兆がなかったわけではなかった。前年の二〇一五年暮れに官房副長官の杉田和博は、宮内庁長官の風岡典之《かざおか》から、天皇が退位の意向をお持ちであることをそれとなく聞かされている。この時、杉田の脳裏にも憲法上の問題が浮かんでいた。

ただ、天皇の強いご意志は風岡の話しぶりからも十分に感じ取れた。「摂政では対応できない」との雰囲気も漂い、安倍の耳にもその報告は入っていた。それから半年以上が経ち、遂にその想いが表出したのが、ＮＨＫの報道だったのだ。

それから約一か月後の八月八日、天皇は自ら生前退位の意向を強く滲ませる「おことば」をビデオ映像を用いて発表した。天皇は次のように語られた。

「何年か前のことになりますが、二度の外科手術を受け、加えて高齢による体力の低下を覚えるようになった頃から、これから先、従来のように重い務めを果たすことが困難になった場合、どのように身を処していくことが、国にとり、国民にとり、また、私のあとを歩む皇族にとり良いことであるかにつき、考えるようになりました。既に八十を越え、幸いに健康であるとは申せ、次第に進む身体の衰えを考慮する時、これまでのように、全身全霊をもって象徴の務めを果たしていくことが、難しくなるのではないかと案じています」

江戸時代の一八一七年に行われた光格《こうかく》天皇から仁孝《にんこう》天皇への譲位以降、約二百年ぶりの生前退位という歴史的な事態を前にして、安倍は政権を挙げての大規模改革に取り組むことになる。

恒久法か特例法か

天皇の「おことば」を受けて、二〇一六年九月、経団連名誉会長の今井敬《たかし》や、政治学者の御厨《みくりや》貴《たかし》らが名を連ねる有識者会議が立ち上がった。名目は「天皇の公務の負担軽減」だったが、もっぱら議論の中心は、生前退位を皇室典範の改正による「恒久法」で実現するか、それとも一代限りの「特例法」にするかにあった。

安倍もまたその点に頭を悩ませていた。有識者会議の初会合が開かれる約一か月前の九月二十一日、国連総会に出席するため訪問していたニューヨークのホテルのスイートルームで安倍は、首相秘書官の今井尚哉に相談を持ち掛けている。「例の件だが、一代限りの特例法にするべきだろうか」。すると今井はこんな考えを披露した。

「メディアもその点をクローズアップしていますが、『特例法にすれば一代限りになる』という考えは法制論として正しくないと思います。そもそも憲法第二条は皇位継承の根拠となる法として皇室典範を明記しています。皇室典範本体に何らかの規定を設ける必要があるでしょう。仮に特例法を制定しても、生前退位を今回だけに限定する歯止めにはならないのではないでしょうか。

むしろ特例規定を皇室典範本体に組み込み、頻繁に法改正しないようにすることが重要だと思います。つまり皇室典範の附則に、今回は特別であるとの個別事情を書き込み、それを特例法として制定することが望ましい対応だと考えます」

実際に有識者会議の議論もその方向で進んでいく。

野田佳彦と密会

翌二〇一七年一月、安倍は首相公邸で野田佳彦元首相と秘密裏に意見交換している。この時のことを野田は、二〇二二年十月二十五日に行われた国会での安倍への追悼演説でこう振り返った。

「安倍さん。あなたが後任の内閣総理大臣となってから、一度だけ、総理公邸の一室で、密かにお会いしたことがありましたね。平成二十九年一月二十日、通常国会が召集され政府四演説が行われた夜でした。前年に、天皇陛下の象徴としてのお務めについて『おことば』が発せられ、あなたは野党との距離感を推し量ろうとされていたのでしょう。

二人きりで、陛下の生前退位に向けた環境整備について、一時間あまり、語らいました。お互いの立場は大きく異なりましたが、腹を割ったざっくばらんな議論は次第に真剣な熱を帯びました。

そして、『政争の具にしてはならない。国論を二分することのないよう、立法府の総意をつくるべきだ』という点で意見が一致したのです。国論が大きく分かれる重要課題は、政府だけで決めきるのではなく、国会で各党が関与した形で協議を進める。それは、皇室典範特例法へと大きく流れが変わる潮目でした」

野田と意見を一致させた安倍もまた「保守政治家である自分でなければ、議論を進める上で保守層を説得できない」と考えていた。

有識者会議は十四回にわたる会議を経て、二〇一七年四月に退位後の天皇の称号を「上皇」、退位した天皇の后を「上皇后」とすることなどを盛り込んだ最終報告を行った。この報告を受けて政府は、天皇の退位を可能とする皇室典範特例法案を作成して国会に提出、同年六月に法案が成立している。

ただ、法案が成立した後も、安倍の前には、退位と即位の日取り、元号の改正など、さらなる難題が山積していた。

保守派議員との折衝

官邸は新元号の内容以上に、代替わりの日程の調整に腐心したと言える。

「天皇陛下は二〇一九年四月一日即位をご希望されている」。特例法成立後には、そんな噂もまことしやかに囁かれた。現に二〇一七年十月には朝日新聞が「即位・新元号四月一日」と一面トップで報道した。だが、これは誤報となった。政府は五月一日の案で動いていた。

というのも、四月一日は企業や省庁での人事異動も多く、国民は新生活のための引っ越しで慌ただしい時期と重なる。またこの四月には、統一地方選挙も予定されていた。国民が落ち着いて、即位を寿《ことほ》ぐ環境が必要だった。

朝日の報道から約一か月後の十二月一日に皇室会議が行われた。だが、安倍は私に「数日前の内奏で事実上、日程は決まった」と明かしていた。

安倍が天皇に「五月一日即位の案」を提示すると、天皇は大きく頷き、皇太子に加えて秋篠宮にも丁寧な説明をするよう求められたという。安倍は「天皇陛下と秋篠宮の信頼関係が垣間見えた」と話していた。続いて、三権の長や常陸宮ら皇族が臨席する皇室会議の様子についても、満足そうに振り返っていた。

「報道では私が『五月一日案』を呑ませるべく強引に迫ったなどと書かれていたが、私は司会役に徹したまでだ。採決を取らずに、一人一人に『よろしゅうございますか？』と確認して回っただけだったが、無事に了承を得ることができた」

即位日が二〇一九年五月一日に決まると、伝統を重視する保守派の議員から声が上がった。新元号は天皇のもとで決定し、発表も即位日と同日にするよう主張したのだ。

例えば、衛藤晟一首相補佐官は「即位のまさにその瞬間、五月一日午前零時に公表するのが望ましい。事前発表は反対だ」と訴え、官邸の総理室を訪れて安倍に直談判するほどだった。

だが、安倍は即位一か月前の「四月一日発表案」を模索していた。その背景には「ＩＴ社会」という現代特有の事情もあった。

民間企業が使うマイクロソフトのシステムは、毎月第二火曜日に全世界同時にアップデートをする。システム上の元号をすべて修正して、次のアップデート日に間に合わせるために最低一週間は必要だった。さらに日本は和暦と西暦が混ざっていて、元号修正のプログラミングにも時間を要することが予想される。「即位日と同時に公表」という選択肢は実質、不可能だった。

しかし、安倍にとって保守派は支持基盤であり大切な同志でもある。話が拗れれば、悲願である憲法改正の議論にも支障を来しかねない。折衝には神経を使った。最終的には保守派の議員たちを説得し、四月一日に政府の責任のもとで、閣議決定を経て新元号を発表することを決めた。

元号スクープの重圧

新元号のスクープはマスコミ各社にとって、まさに社運を賭けたテーマだった。昭和から平成への改元時には成し得なかった幻のスクープを前に、取材は日に日に激しさを増し、記者たちは殺気立っていた。

私も「他社に抜かれるわけにはいかない」と思う一方、心の中には複雑な思いも抱えていた。「組閣人事のように一分一秒でも早く報じる案件と、元号報道は同じ次元ではない。元号は国民に歓迎される環境が必要で慎重を期す分、特ダネ合戦には馴染まないのではないか」。そんな考えも頭の中を去来した。「それとも、厳しい取材競争から逃げたいだけの言い訳なのだろうか……」。記者人生の中で最も苦しい重圧を味わった時期だった。

発表までの間、元号案は厳重に秘匿される。天皇の諡《おくりな》にあたる元号が事前に漏洩することは天皇への非礼となり、ひいては政権の大きな汚点にもなる。普段は気さくに話をする安倍も元号に限っては「国家の形に関わることだから……」と極めて口が堅かった。

ただ、発表当日に情報がないまま慌ててニュース番組で解説することは避けたい。何とか正確な情報を発信したかった。

元号案は生前退位が発表される遥か前、二〇〇〇年代始めから東洋史や中国文学など複数の専門家に政府が打診して、議論が進んでいた。ただ、本格的に動き出したのは、二〇一九年二月八日の新元号の「選定手続きに関する検討会議」で方針が決定してからだ。この時点では二十から三十近い候補案があった。三月中旬になると、安倍、菅義偉官房長官、杉田、古谷《ふるや》一之副長官補、開出《かいで》英之内閣審議官のわずか五名のみで検討を進めた。側近の総理秘書官ですら外されている。

実は当初「令和」は候補に存在しなかった。政府内では「万和《ばんな》」や「英弘《えいこう》」などが有力視されていた。「万和」は明快で新天皇皇后のイメージにも合致する案だった。「英弘」も安定や調和を意味するが、人の名前を想起させ、天武天皇の治世を賛美する文章からの引用であるため、現代社会にそぐわないとの難点も見られた。安倍は「どれも決定打に欠ける」と口にした。元号は今後数十年にわたり国民の生活に根差していく。「果たしてどんな元号が国民に受け入れられるのか」――刻一刻と発表の期限が迫るにつれて安倍は悩みを深めていった。

そんな中、発表わずか五日前の三月二十七日に追加案として登場したのが「令和」だった。考案者である万葉学者の中西進は、二〇一四年六月に複数案、前年の八月にさらに数案、計十以上の案を提出していた。ただ、当時はまだ「令和」は存在せず、土壇場で案出されたことになる。最終候補として安倍の前には「万和」「英弘」「広至《こうし》」「万保《ばんぽう》」「久化《きゆうか》」、そして「令和」が並んだ。意中の元号は令和だ。六四五年の「大化」から「平成」までの二百四十七元号のうち、確認できる出典はすべて漢籍。安倍は史上初となる国書からの採用にこだわった。

令和は万葉集の「梅花《ばいか》の歌」の序文『初春の令月《れいげつ》にして　気淑《よ》く風和《やわら》ぎ　梅は鏡前《きようぜん》の粉《こ》を披《ひら》き蘭は珮後《はいご》の香《こう》を薫《かおら》す』からの引用である。後に安倍はこう語っている。

「目を閉じ、『令和』と耳にした瞬間に、この文章が書かれた早春の太宰府が浮かび、梅が咲き誇る風景が立ち現れてくる。それがとても気に入ったんだ」

皇太子の嬉しそうな表情

苦悩の末に安倍が心の中で決断したのは、令和の案が提示された翌日の二十八日のこと。この日、安倍は公明党代表の山口那津男《なつお》と桜を観賞しながら昼食を共にした。その直後の囲み取材では記者たちを前に、こう語っている。

「あと一か月と少しで新しい時代がやってくるが、皆さんの夢や希望が咲き誇る、そういう時代にしたい」

令和の由来となる文章を連想させる発言であり、元号を心に決めた安堵感が滲み出ていた。

さらに翌二十九日、安倍は天皇と皇太子に候補案を内奏している。事実上、この日に新元号が決まったと言えるだろう。まず午前中に安倍は天皇のもとに赴き、候補となる六案を並べて示した。一番左に置かれたのが令和だった。

「この六案を有識者会議に諮《はか》り、決めてもらおうと思います」

そう言うと、順番に候補の説明をしていった。天皇は意見を述べられず、いずれの候補案にも頷き、「次の世代のことなので」と未来を託すかのような雰囲気だったという。

午後の皇太子への内奏でも同様の説明を繰り返した。最後の令和の番になると、その二文字を見つめながら、安倍はこう語った。

「これは万葉集を編纂した大伴家持《おおとものやかもち》の父親である大伴旅人《たびと》が作った歌の序文の引用で日本古来のものです。咲き誇る梅の花のように日本人一人一人に輝いてほしいとの意味が込められています」

噛みしめるように説明を聞いていた皇太子は、その瞬間、嬉しそうな表情を浮かべ、頷かれたという。安倍も自分の考えに確信を得ることができた。

発表当日の四月一日。午前九時三十二分から、首相官邸四階の特別応接室で有識者会議が行われた。情報漏洩を防ぐため、部屋一帯には妨害電波が張られ、識者たちは携帯電話を手元に置かずに所定の場所に預けている。

厳戒態勢の中、最終的な六候補を前に、作家の林真理子や新聞協会会長の白石興二郎《こうじろう》ら識者が会議に臨んだ。ただ、思いのほか早く結論は出た。「新しい御代《みよ》にふさわしい」「響きが新鮮だ」との理由で、識者の大半が令和を推したのだ。

午前十時五十八分からの全閣僚会議では「英弘」や「広至」に賛成する意見もあった。閣僚の中からは「『令和』と『昭和』が被る」との理由で異議を唱える声も上がった。だが、その他、大半の閣僚が令和を推し、最後は安倍の判断に一任された。安倍は「有識者、閣僚の意見を踏まえ、国書である万葉集を典拠とする令和でご了解いただきたい」と締め括っている。

即座に令和の由来を解説

閣僚会議が長引いたことで、全体の進行は予定より十分ほど遅れた。

一方の官邸では、閣議決定を受けて、杉田が宮内庁長官の山本信一郎に新元号を連絡。上奏書としてしたためられた新元号の政令は、直ちに皇居に運ばれ、天皇の御名御璽《ぎよめいぎよじ》、つまり署名と捺印を得ている。十一時三十分、一連の段取りを終えて、後は発表を待つだけとなった。

結局、この時点までは新元号がスクープされることはなかった。しかし正式発表まで、予断を許さない。

その日、私は朝からＮＨＫの報道スタジオで解説をしていた。同じ時間、スタジオに隣接するニュースセンターの一角は極度の緊張感に包まれていた。そこにはマニュアル卓、通称「マンン卓」と呼ばれる特別なデスクがあり、ボタンが並んでいる。その一つを押すと、「ピロリロリーン」と音が鳴り、テレビ画面上に速報のテロップが流れる仕組みだ。政治、事件、災害……速報を伝えるため、幾度となくこのボタンが押されてきた。すでにテロップは作成されており、担当者は緊迫する空気の中、今か今かと手に汗を握りながらボタンを押す構えに入っていた。

十一時四十分、官房長官の菅が会見室に入る。壇上に上がり、間を取りながら慎重に説明していく。「本日、元号を改める政令を閣議決定いたしました。新しい元号は――『れいわ』であります」。そう言うと、「令和」の二文字が書かれた浄書を高らかに掲げた。カメラのシャッター音がけたたましく鳴り響く。緊張感が最高潮に達したその瞬間、速報のボタンが押された。ＮＨＫの画面には「新元号は『令和』　官房長官が発表」のテロップが流れた。

画面がスタジオに替わると、私は即座に令和の由来を解説した。

「万葉集でしたね」

「日本最古の歌集で、七世紀の終わりからおよそ一世紀かけて断続的に編纂されたものです。国文学にこだわったことが見て取れます」

あの瞬間のことは鮮明に覚えている。

トランプに明かした皇室観

今になって振り返れば、安倍の皇室への想いが率直に表明されたのは、実はトランプとの首脳会談だったかもしれない。その際の様子を安倍は私に詳しく教えてくれた。

二〇一八年九月二十三日、ニューヨークのトランプタワー。当初の予定ではトランプタワー内のレストランで一時間の夕食会の予定だったが、安倍一行は大統領のプライベート・スペースに案内され、二時間半にわたって夕食会が実施された。安倍はその三日前に自民党総裁選で石破茂を大差で破っており、会談の冒頭で自身の勝利をトランプに報告し、「引き続きドナルドと一緒に働けることを嬉しく思っている」と語り掛けた。そしてこの席上、安倍は天皇即位後の最初の国賓として、トランプを招待したいと持ち掛けている。

「来年五月一日に新しい天皇陛下が即位なさる。代替わり後の最初の国賓を誰にするのかは大変重要なことだと考えている。自分はぜひドナルドに国賓として来日してもらいたい。五月は大相撲が東京で開催されているので、自分と一緒に相撲を観戦に行くこともできる」

トランプは即座に「ご招待をお受けする。大変光栄で、素晴らしいことだ」と応じた。そして、トランプは天皇陛下や皇太子殿下について安倍を質問攻めにする。

まずトランプが「天皇は国民に愛されているのか？」と素朴な質問をぶつけると、安倍はこう答えた。

「とても愛されている。共産党も含めて、天皇制の存在を否定していないことからも窺われる。天皇家には長い歴史があり、その前半は伝説かもしれないが、記録で確認できる範囲だけでも千三百年もの長さがある。しかもずっと同じ血統で続いてきたのだ。これは英国王室とも異なる点だと思う」

驚いたトランプが「天皇陛下と英国女王は、国民にとってどちらが重みがあるのか？」と質問すると、安倍は「両者の違いは、天皇が政治の実権を握ったことは日本の歴史上、ごく短期間だけだということ。血なまぐさい政治闘争に巻き込まれたことが、ほとんどない。そのことも天皇の特徴だと言える」と即座に返答した。

安倍の説明にトランプは興味津々な様子だった。さらに続けて「日本が第二次世界大戦に参戦したことに、当時の天皇は責任を取ったのか」と聞いた。安倍はこう述べた。

「終戦時、昭和天皇はマッカーサー元帥に対して『自分の身はどうなってもよいが、日本の国民を守ってほしい』とお話しになった。開戦の決断をしたのではなく、むしろ降伏の決断をしたのだ。これが昭和天皇の行った唯一の政治的決断だったのではないか。昭和天皇は戦争についての責任を強く感じていたと聞く」

上皇が「安倍総理にしかできない」

「大変なものだよ」

安倍が皇族の境遇を慮《おもんぱか》り、とても他人事ではないかのように呟くのを度々聞くことがあった。

その声には敬愛の念とともに、一種の親近感も滲んでいた。岸信介、佐藤栄作という、過去に二人の宰相を輩出した華麗なる政治家一族に生まれたことが理由にあるだろう。将来は兄弟のうち誰が政治家になるのか、と血筋を絶やさぬよう宿命づけられていた。そのため、皇族に自分と似た境遇を感じていたのかもしれない。

ただ、それぞれの皇族方と安倍の関係性の深さは、必ずしも一様ではなかった。例えば、上皇との関係は、決して良好ではないと世間で囁かれた時期もある。二〇一三年の誕生日に上皇（当時は天皇）は「戦後、連合国軍の占領下にあった日本は、平和と民主主義を、守るべき大切なものとして、日本国憲法を作り、様々な改革を行って、今日の日本を築きました」と発言した。憲法改正を悲願に掲げる安倍とは立場を異にし、安倍政権を牽制しての発言だと読む向きもあった。

だが、二〇一九年の御代替りを無事に終えて、上皇は周囲に「安倍総理にしかできないことだった」と漏らされており、安倍に信頼と感謝の念を抱かれていたことが窺われる。

今上天皇と安倍は世代が近いこともあってか、初めから話が合った。内奏の際には天皇が安倍に「またいつでも来てくださいね」と歓迎したという。皇太子時代には、ご夫妻が海外訪問をするための予算を皇室費から捻出することが難しく、安倍に苦しい心境を示唆されることもあった。海外訪問を望まれる雅子さまの意向に添えないことも影響しているようだった。

秋篠宮は、例えば過去の誕生日会見で皇族の減少を「国費負担の点から見れば、決して悪いことではない」と発言したり、「(御代替りに伴う)大嘗祭《だいじょうさい》の費用を国費で賄うことが適当なのか」と疑問を呈するなど世間を騒がせ、時にその真意が読み取りづらいと言われる。安倍もまた同じように考えていた節があった。

生前退位の議論を進める中で、秋篠宮が本来就く予定の「皇太子(皇太弟)」の称号を望んでおらず、「秋篠宮家の名前も残したい」とのご意向を持たれていたことが話題になった。結果として「皇嗣《こうし》」の呼称に落ち着いたが、当初この話を耳にした時の安倍はわずかに戸惑いのようなものも感じていたようだった。

一方で、娘の眞子《まこ》さまや佳子《かこ》さまとは晩餐会などで顔を合わせると、気さくに会話を交わす仲だ。二〇一九年十月二十二日に行われた即位《そくい》礼正殿《れいせいでん》の儀で、お二人が十二単《ひとえ》をお召しになった姿を「本当に、ご立派な佇《たたず》まいでございました」と安倍が評すると、ご姉妹が嬉しそうな表情を浮かべられていたという。

ただ、報道が過熱した小室圭《けい》さんと眞子さまのご結婚については、安倍も思うところがあったようだ。

高円宮妃久子さまが日頃から社交の場を設けて、それを機に三女絢子《あやこ》さまと、日本郵船に勤務する守谷《もりや》慧《けい》さんとの結婚が実現したことは有名な話だ。その話を念頭に置きながら、安倍はこんな意見を言っていた。

「皇族の結婚相手を選ぶ場合は早い段階で調査をして、準備を整えるのは宮内庁の役割だと思う。悠仁《ひさひと》さまの場合も、外部の人と積極的に交流をされることは容認されるべきだし、人生経験を積むことも大事だ。その一方で、宮内庁がお相手について、目を光らせるべきだ」

愛子天皇誕生も議論を

二〇二二年三月十七日、前年十二月に成年を迎えていた愛子さまが初めての会見に臨まれた。春らしい若草色のスーツに、首元で品よく輝くパールのアクセサリー。一言一言丁寧に話される愛子さまの姿に国民の多くが好感を持ち、世間は祝福ムードに沸き立った。安倍も嬉しそうにこう語っていた。

「愛子さまの素晴らしいご成長ぶりには、驚いた。とても喜ばしいことだ。会見の最中、原稿に一度も目を落とすことなく話されていたのも印象的だったね。須崎御用邸の海ではご家族三人でサーフボードを並べ、そこから落下したというエピソードを披露されていた。冗談も軽やかに交えながら、ご自分の言葉で話されていた。本当にご立派だと思ったよ」

長年にわたり、安倍は「男系男子」の皇位継承に強いこだわりを持つと見られてきた。確かに男系男子を原則としていたのは事実だ。現に二〇一一年に宮内庁の羽毛田《はけた》信吾長官の要請を受けて民主党の野田政権が女性宮家創設の議論を進めると、安倍は「文藝春秋」への寄稿（二〇一二年二月号「民主党に皇室典範改正は任せられない」）で「女性宮家を認めることは皇位継承の伝統を根底から覆しかねない」と綴り、女性宮家創設と女系天皇に反対する考えを明かしている。

しかし、二十年にわたり安倍を取材してきた中で、その時々の安倍の言葉から見えてくる皇室像は、「男系男子」以外を完全に否定するものでもなかったと感じている。

「安倍内閣の体力があるうちに、有識者会議を立ち上げる。そして将来、愛子天皇誕生への道筋に向けても責任ある議論を進めなければならない」

ここ数年の間に、安倍が何度かそう口にするのを私は聞いている。

従来のイメージを覆すような、解釈の難しい発言ではあるが、安倍は、あくまでも秋篠宮や悠仁さまへの皇位継承を前提とした上で、さらに皇統の存続を確かなものにすることが重要であるとの立場だった。つまり非常に「現実的な」見方をしていたのだ。

小泉政権での有識者会議

その考えは昔から変わらず維持していた。安倍の皇室観が最も如実に表れたのは、今から十八年前、二〇〇五年の小泉政権下で進められた「皇室典範に関する有識者会議」の頃だったと思う。当時、安倍は官房長官の立場だった。同年十一月二十四日に、会議は十七回目の開催となり、大詰めを迎えた。最終的に有識者会議は「女性天皇、女系天皇を認める」「皇位継承は男女を問わず、第一子を優先する」との報告書を政府に提出している。つまり当時わずか三歳の愛子さまが天皇になることを前提とした内容だった。

その直前の十一月七日の夜、安倍は電話で私に胸の内を吐露した。

「おそらく性別に関係なく長子《ちょうし》優先で落ち着くのだろう。果たしてそれでいいのだろうか。天皇家は百二十五代も男系を守ってきたのに、正直、私が官房長官の時代に変更することには抵抗がある。法改正を急ぐ必要があるのだろうか」

さらに、報告書提出の前々日の十一月二十二日には、こうも語っていた。

「これほどハイペースに報告書をまとめたのでは、皇室典範の改正も仕方がないかもしれない。もはや議論を止めて覆すことはできない」

安倍自身は男系男子が理想だった。だが、あくまでも総理の女房役である官房長官として、政権が進める女性・女系の議論を否定するわけにはいかない。この頃、右翼団体は議論を止められない安倍を批判する街宣を掛けていた。板挟みに陥った安倍の苦悩は深刻さを増し、表情も日に日に暗くなっていった。

実は、十一月七日の夜には具体的な考えも明かしていた。

「女系も認めてしまえば、あらゆる人が天皇家に関われることになる。それには抵抗を感じる。愛子さまがいらっしゃるうちは、女帝を認め得る形にすればいい。それで皇統は五十年、六十年は保たれるだろう。その間に男系の家を新たに立てて、皇位を継承する流れを作ればいいのではないか」

あくまでも男系を維持する目的で、一時的な男系女子の容認、つまりは愛子天皇の誕生を認めるとの考えを、すでにこの頃から朧気《おぼろげ》に抱いていたことが分かる。

「神風が吹いた！」

年を越して、二〇〇六年一月二十日、小泉首相は国会の施政方針演説の場で「有識者会議の報告に沿って、皇室典範の改正案を提出いたします」と高らかに宣言した。

一月二十六日にも有識者会議の参加者と小泉首相との会合が行われたが、まだ議論は続いていた。安倍もまた男系男子論者からの反論を予期して「百二十五代続いたことには重みがあり、それを変更するには理論武装が必要だ。旧宮家をなぜ復活させないのか、その理由も説明できないといけない」と識者たちに注意を促した。

ある識者は「街宣車が来たりして怖い」とこぼした。安倍は「街宣車を恐れる必要はありません。それより本当に怖いのは思い詰めた人ですよ」と励ましたが、逆にその場はシーンと静まり返ってしまったという。他の識者が「陛下の意見はどうなのか？」と聞くと、今度は別の識者が「陛下をはじめ、皇室の方々はこの件について話をされないことで一貫している」と説明した。

有識者の間には何やら煮え切らない雰囲気が漂っていた。女性・女系容認という史上初の皇室典範改正を前に誰もが戸惑っていたようだ。

その日の晩に安倍は、電話でこう語っていた。

「世の中では『少子化、少子化』というが、皇位継承者の減少の議論と一緒くたにしてはいけない。一般家庭の場合は、教育費が嵩《かさ》み、仕事と子育ての両立が難しくなるなどの理由で出産を控え、少子化に拍車がかかるわけだが、天皇家の場合は事情が違うからね」

ただ、もはや、皇室典範改正の議論は止められない。安倍の声には焦りの色が滲んでいた。だが、事態は急変する――。

「紀子《きこ》さまご懐妊の兆候」

二月七日、同年秋の悠仁さま誕生の予兆を告げるＮＨＫのスクープ。政府に衝撃が走った。これまでの有識者会議での議論を覆すには十分な内容だった。その日の晩、安倍は電話で「神風が吹いた！」と、明らかに興奮していた。

「小泉総理と四、五分会ったが、紀子さまのご懐妊によって状況が変わったことと、今すぐ皇室典範を変える必要はないことを説明した。すると総理は『へえ、それなら急ぐ必要はないんだね』と初めて態度を変える発言をしたんだ。

秋篠宮家には男の子が生まれるかもしれない。つまり皇位継承順位第三位の資格を持つ皇族がお生まれになる。それでもまだ皇室典範の改正を進めるようなら、世間から反発を受けるだろうし、私も身体を張ってでも止めるつもりだ」

実際に、皇室典範改正の見送りに悩む小泉に対して安倍が「お子さまが男子の場合、皇室典範改正は正統な皇位継承者から継承権を奪うことになります。（飛鳥時代に皇子同士が皇位継承で争った）壬申《じんしん》の乱の勃発を招きかねません」と助言したことは有名な話だ。

旧皇族の養子縁組案

そして、皇室典範の改正案の提出は見送られた。有識者会議が提出した報告書の内容も白紙撤回されている。

あれから十七年。皇族の減少に伴い、再び同じ皇位継承の議論が行われている。実は安倍は新型コロナの対応に当たりながらも、第二次政権の退陣直前まで、今後の皇室のあり方について、ずっと思案を繰り返していた。その頃に私が安倍本人から聞いた皇室像を要約すると、以下のようになる。

「男系継承を維持することを大前提とし、現在の悠仁さままで皇位継承順位は変更しない」

「過去に皇籍離脱した旧宮家を皇族に復帰させることはしないが、女性皇族は婚姻後も皇族の身分を持ち続ける」

「現在の宮家を維持し、旧皇族の男系男子を養子にすることを可能にする」

「旧皇族の男系男子が、現在の女性皇族の配偶者または養子になる場合は、その男性も皇族となり、その子どもは皇位を継承し得る」

「男系女子による皇位継承もあり得る」

皇室史上、女性天皇は八人誕生しているが、歴史的に様々な事情があってのことだ。愛子天皇誕生に道を開くには茨の道も予想され、安倍もそれを意識していた。

一方で、菅政権から岸田政権に至るまで続いた皇位継承をめぐる有識者会議（座長＝清家《せいけ》篤・元慶應義塾長）の議論では、安倍も陰ながら意見を述べていた。二〇二一年十二月の最終報告で有識者会議は皇族数確保の方策として次の三点を挙げている。
① 内親王・女王が婚姻後も皇族の身分を保持することとすること
② 皇族には認められていない養子縁組を可能とし、皇統に属する男系の男子を皇族とすること
③ 皇統に属する男系の男子を法律により直接皇族とすること
このうち、③については、①及び②の方策では十分な皇族数を確保することができない場合に検討する事柄としている。

「現在の宮家を維持し、旧皇族の男系男子を養子にすることを可能にする」という安倍の意向がこの報告書に反映された形だ。

しかし、その後、有識者会議の最終報告書を受けた国会での議論は停滞している。二〇二二年四月に日本維新の会が養子縁組案を高く評価するとの意見書を衆参両院議長に提出しているが、自民党は麻生太郎副総裁を座長とする懇談会を一回開いただけで、立憲民主党も野田をトップとする検討委員会を設けたが意見を集約できていない。

安倍は保守政治家として、皇位継承の問題解決が、自分に課せられた責任であると感じていた。だが、その後も結論を出せぬまま非業の死を遂げることになる。安倍が生きていれば「旧皇族の男系男子の養子縁組案」の議論は大きく進んでいたかもしれない。

第8章 スキャンダルと財務省

平成29年2月17日、衆院予算委員会で森友問題を追及され、「自分や妻が関わっていれば、総理や議員も辞める」と答弁する（写真　内閣広報室）

二〇二三年二月に刊行された『安倍晋三回顧録』は、二〇〇三年の自民党幹事長就任から二〇二〇年の第二次政権退陣までの約二十年間について、内政から外交まで安倍が網羅的に語っている。私が安倍を取材してきた期間とも重なるため、読みながら過去に取材した場面がいくつも脳裏に蘇った。

中でも印象的だったのは安倍の声を傍《そば》で聞いているかのように、しゃべり口調が生々しく再現されていることだ。

東京都知事の小池百合子を「彼女は、自分がジョーカーだということを認識している」と評し、米国のトランプ前大統領について「根がビジネスマンですから、お金がかかることには慎重でした」などと述べる箇所は、いかにも安倍らしい物言いだと思った。小池については主に第2章で、トランプについては第4章で触れたが、私が安倍から聞いた両者とのエピソードと符合する部分も多い。

思えば、取材や会食の場を盛り上げるために安倍はよく冗談を言い、サービストークを披露した。今回の『回顧録』にもそうした発言が随所にあり、懐かしさを感じた。

だが、一方で物議を醸した箇所も見られた。とりわけ「安倍政権を倒そうとした財務省との暗闘」と題した項目で、安倍はこう発言している。

〈私は密かに疑っているのですが、森友学園の国有地売却問題は、私の足を掬《すく》うための財務省の策略の可能性がゼロではない。財務省は当初から森友側との土地取引が深刻な問題だと分かっていたはずなのです。でも、私の元には、土地取引の交渉記録など資料は届けられませんでした。森友問題は、マスコミの報道で初めて知ることが多かったのです〉

この発言に批判が巻き起こった。世間では「財務省への責任転嫁だ」「権力者の妄想だ」などの声も上がり、月刊「文藝春秋」五月号では、元大蔵事務次官で一九九五年の退官後初めてインタビューを受けたという齋藤次郎が「『安倍晋三回顧録』に反論する」と題して、安倍の財務省批判について「荒唐無稽な陰謀論」などと批判している。

モリカケ問題の発覚

二〇一七年二月に発覚した、大阪市の森友学園への国有地売却問題に端を発する森友問題は、やはり同年に発覚した獣医学部新設をめぐる加計学園の問題とともに、モリカケ問題として安倍政権最大の〝スキャンダル〟とされた。

特に森友問題では、国有地の払い下げをめぐる約八億円もの大幅な値引き額や、妻の昭恵が新設予定の小学校の名誉校長に就任していたこと、学園理事長の籠池《かごいけ》泰典の特異な言動がマスコミの注目を集めた。

また、問題発覚から約一年後の二〇一八年三月には、財務省が決裁文書を改竄《かいざん》していたことが朝日新聞の取材で明らかになり、報道から五日後に改竄に関与した近畿財務局職員が自殺するなど、深刻な事態となった。改竄を主導したとされる佐川宣寿《のぶひさ》国税庁長官（改竄当時は理財局長）が辞任に追い込まれ、麻生太郎財務大臣の責任論も浮上した。

当時、私自身も安倍政権最大の危機になるかもしれないと捉えていたが、メディアでしきりに指摘される問題点とは微妙に異なった見方をしている。以下に綴っていくが、それは長く安倍を直接取材してきたからこそ抱いた考えだったと言えよう。

この頃の取材メモを読み返すと、実は安倍が森友問題について、あまり多く語っていなかったことが分かる。

政権を揺るがす大事件としてマスコミの報道が過熱する一方、安倍本人はどこか冷静で、あまり動揺する素振りを見せなかった。妻の昭恵が、森友学園の小学校の名誉校長に就任していた事実が明らかになった際も、「妻は私人だから」と言うばかりだった。

「総理や議員も辞める」

「私や妻がこの認可あるいは国有地払い下げに、もちろん事務所も含めて、一切関わっていないということは明確にさせていただきたいと思います。私や妻が関係していたということになれば、まさに私は、それはもう間違いなく総理大臣も国会議員も辞めるということは、はっきりと申し上げておきたい」

二〇一七年二月十七日の衆院予算委員会の場で安倍はこう答弁している。民進党の福島伸享《のぶゆき》が質問に立ち、昭恵が名誉校長に就任したことや、当初は籠池が「安倍晋三記念小学校」の名前を付けて寄付金を募っていた事実を問うた時のことだ。

全国にテレビ中継される中で「総理や議員も辞める」とまで踏み込んだ安倍の強気の発言は、瞬く間に波紋を呼んだ。以降、この発言は安倍の責任を問う場面で幾度となく報じられる。

一年後に財務省による改竄が発覚した際には、この発言をした安倍への〝忖度《そんたく》〟が財務省職員を突き動かしたと指摘された。学園との交渉記録の中で、昭恵や政治家の名前が出てくる箇所が削除されていたからだ。実際、安倍のこの答弁で森友問題は一気に政治問題化し、野党は勢いづいた。安倍は自分で自分の首を絞める事態に陥ったのだ。

当時、私はすぐさま安倍を取材して真意を問うている。

「なぜ、あのような答弁に踏み切ったのですか。歴代総理を見ても、鉄壁の答弁をするか、そうでなければ、『分からないので調べます』とかわすかのどちらかでした。総理自らが退路を断ち、選択肢を狭めるような答弁をするのは異例ですし、迂闊《うかつ》にも感じます」

すると安倍は、ピシャリと私を制止する調子でこう言い放った。

「私は国有地払い下げには何も関わっていない。だから、はっきりさせておかないと」

安倍は自信に満ちあふれていたが、その答えを聞いても、私は腑《ふ》に落ちなかった。だが、後に安倍は「実は過去に成功体験があった」と、この答弁の背景を語っている。

耐震偽装問題での成功体験

森友問題の発覚から遡ること十年ほど前、二〇〇五年から〇六年にかけて、世間は「耐震偽装問題」で揺れていた。姉歯《あねは》秀次一級建築士による構造計算書の偽装で、強度不足のまま建設されたマンションやホテルが百件近く見つかった事件だ。

姉歯を含めて建設会社や不動産会社の社長など、八人が建設業法違反などの罪で逮捕された。この事件では、耐震偽装を知りながらマンションを販売したとして、詐欺容疑で逮捕・起訴されたヒューザー社長の小嶋《おじま》進にも注目が集まった（二〇一一年に懲役三年、執行猶予五年の刑が確定した）。

国土交通省が偽装を公表した二〇〇五年十一月、当時官房長官だった安倍の政策秘書に小嶋が面会してこの問題の対応策について相談し、政策秘書が国交省に働きかけをしたのではないかという疑惑が取りざたされた。小嶋自身も二〇〇六年一月の証人喚問の場で民主党の馬淵《まぶち》澄夫に質問され、秘書との面会を認める証言をしたため、安倍は野党から追及される身となった。

安倍は知人の紹介で来訪した小嶋に政策秘書が面会したことは認めたものの、「憶測されること自体、極めて心外で迷惑な話だ。小嶋社長またヒューザー社と私は一切関係がない。国交省への働きかけはしていない」と疑惑を否定。さらには地元の会合でも「一点の曇りもない」と述べた。衆院予算委員会の答弁でも「すごく膨らまして私と（小嶋が）特別な関係にあるように言うのは偽装と言いたい」と強い口調で抗弁している。

完全否定を続けることで、次第に野党の追及の手も止まり、小嶋の証人喚問から一か月が経つ頃には、疑惑は話題にも上らなくなっていた。

むろん「小嶋と一切関係がない」との発言は安倍の真意だろう。ただ、それ以上に、強固に否定すれば、あらぬ疑惑は斥《しりぞ》けられる――この時の答弁が、ある種の成功体験として安倍の脳裏に刻まれたのだった。だが、当時とは状況も違えば、立場も異なる。自身の進退を懸けてまで疑惑を否定する言動は、果たして一国の総理にふさわしいのか。私の中では疑問が燻り続けた。

松井一郎も「政権が転びかねない」

二〇一七年に森友問題が過熱し始めていた頃、私は東京・紀尾井町の「ホテルニューオータニ」で、大阪府知事の松井一郎や市長の吉村洋文《ひろふみ》、大阪維新の会の議員らを取材していた。

「安倍さん、大変やなぁ。野党が束になって飛び掛かってもビクともせんかった安倍政権が、大阪の一人のおっさんで、こてーんと転びかねない状況やね」

煙草の煙を燻《くゆ》らしながら、松井はこう口にした。傍にいた吉村は「ただ、籠池に違法な行為があるならば、それを看過するわけにはいきませんね」と呟いていた。

その後、大阪府と大阪市はそれぞれ、森友学園が運営する幼稚園への補助金を不正に受給した詐欺容疑で籠池を刑事告訴している（籠池は同年七月に大阪地検特捜部に逮捕され、その後起訴。二〇二三年二月に懲役五年の実刑判決が確定した）。この時の吉村の冷静な話しぶりと実行力には驚いたが、むしろ私の印象に残っているのは松井の発言の方だった。第2章で述べたように、二〇一二年に松井は橋下徹とともに野党時代の安倍に維新との合流を持ちかけている。それから五年、マスコミや野党だけではなく、安倍にシンパシーを感じていた政治家までもが、森友問題が安倍政権を「転びかねない」苦境に追いやると見ていたのだ。

しかし、安倍は頑なな姿勢を取り続けていた。二月十七日の予算委員会の場では、熱烈な安倍の支持者だった籠池のことを「教育に対する熱意は素晴らしい」と評価していたのが一転。わずか一週間後に安倍は「教育者としてはいかがなものか」「非常にしつこい」と突き放す答弁をしている。こうした安倍の発言が籠池の恨みを買い、国有地売却をめぐる昭恵や財務省との関係の暴露へと駆り立てたとも指摘されている。

森友問題の本質

また、同年七月一日に行われた東京都議選の際には、秋葉原で安倍が応援演説をしていたところ、聴衆から猛烈な「安倍やめろ」コールが巻き起こった。その人だかりの中心には上京した籠池もいた。演説を妨害された安倍は、堪忍袋の緒が切れ、「こんな人たちに負けるわけにはいかない」と色をなして反論したのだった。

すべての国民にとっての総理大臣が、疑惑の人物とはいえ、籠池を「しつこい」と切り捨て、一部の聴衆を「こんな人たち」呼ばわりする。明らかに安倍が掲げていた理想のリーダー像とかけ離れた言動だった。

真意が伝わらないもどかしさがあったとはいえ、安倍には「驕り」が芽生えていたのではないか。それこそが、私が安倍に抱いた最大の懸念であり、森友問題の本質だったと考えている。ただ、この頃は安倍に電話で指摘をしようにも、森友問題の話題にさしかかると「ああ、分かっている」「もう説明したから」と切られてしまうことが多かった。

妻の昭恵が渦中にあったことも、安倍が冷静さを欠いた原因の一つだろう。第一次政権から安倍は身近な人や家族、部下が批判されると、途端に感情的になって庇う傾向にあった。

それは、人情家という安倍の長所であり、一方で指導者に必要な冷徹さの面では弱点になりかねないものだ。雌伏の五年間で安倍は情に流されて失敗した第一次政権の反省を総括したはずだったが、森友問題でそれが再び露呈したとも言える。

私は二〇一七年九月に発売された月刊「文藝春秋」十月号に「安倍総理『驕りの証明』」と題した寄稿をしている。その記事はこんな書き出しで始まっている。

〈「築城三年、落城一日」

安倍晋三総理は二〇一六年の年頭所感でこう述べた。

この言葉をなぞるかのように、安倍政権はいま〝落城〟の危機に直面している〉

そして、次のように指摘した。

〈安倍政権はなぜここまで凋落してしまったのか。十五年間にわたり安倍を取材し続けてきた私には、その原因が安倍の「驕り」にあると思えてならない。そして、安倍の転機は、二〇一五年秋に訪れていたと見ている。安倍が政権復帰早々から「天王山」と位置づけていた年だ。

十九世紀のイギリスの歴史家、ジョン・アクトンは「絶対的な権力は絶対に腐敗する」という金言を残した。権力は、時が経つと疲弊し変質する。第二次安倍政権の四年八カ月を、これまでの取材をもとに検証し、安倍政権の失速の理由を分析する〉

安倍は、第二次政権発足当初から、戦後七十年の節目にあたる二〇一五年を安全保障関連法の整備を行う「天王山」の年と見据えていた。安倍は政権運営を盤石にするためには、日本経済の復活を最優先にするべきだと考えていた。それゆえに、第二次政権発足直後、大胆な金融政策、機動的な財政政策、民間投資を喚起する成長戦略を「三本の矢」とし、デフレ脱却のための金看板「アベノミクス」を掲げた。そして、二〇一三年九月、ニューヨーク証券取引所には安倍の次の言葉が響き渡った。

「Ｂｕｙ　ｍｙ　Ａｂｅｎｏｍｉｃｓ！」

この当時の日経平均株価は前年十一月の衆議院解散時と比較して、一・六倍まで上昇しており、米国でもアベノミクスは注目の的だった。

だが、二〇一四年四月に消費税率が五パーセントから八パーセントに引き上げられると、国内の消費は落ち込んだ。安倍は二〇一五年十月に予定されていた一〇パーセントへの再引き上げを延期するべく二〇一四年十一月に衆議院を解散し、自民党を再び大勝に導く。この年は国内で「安倍一強」の体制を固める一方で、第６章で述べた通り、中国の習近平主席と初の首脳会談を行うなど、外交でも着実に成果を上げ始めていた。

安保関連法成立後の「驕り」

そして、「天王山」の二〇一五年、安倍は六月に通常国会を戦後最長の九十五日間にわたって延長する方針を決め、野党らの反対の声が大きい安保関連法について丁寧な国会審議をアピールした。安保関連法は七月に衆議院を通過したが、支持率は三七パーセント（ＮＨＫの八月調査）まで落ち込んだ。

第３章でも指摘したように、八月の戦後七十年談話では、「植民地支配」「侵略」「痛切な反省」「お詫び」という四つのキーワードを強かに盛り込みながら、次世代へ「謝罪を続ける宿命を背負わせてはなりません」という自らの決意も明確にした。

そして九月に参議院で安保関連法が可決・成立し、安倍は自民党総裁選で無投票再選された。

支持率も四三パーセントまで回復し、安倍は無事「天王山」を乗り切ったのだ。

この時の成功体験が安倍の「驕り」へと繋がっていったというのが私の見立てだった。

二〇一五年十月の内閣改造では、自らの出身派閥である細田派から四人もの閣僚を起用し、出身派閥を重視しているとの批判が上がった。

また、二〇一六年の幕開けとなる施政方針演説で安倍はこう語った。

「批判だけに明け暮れ、対案を示さず、後は『どうにかなる』。そういう態度は、国民に対して誠に無責任であります」

野党は政権批判しかしない無責任な態度だと切って捨て、必要以上に挑発したのだ。国会答弁でも野党の議員に対して「議会の運営について、少し勉強していただいた方がいい」と強気で反論するなど、粗雑な対応が目立ち始めた。

だが、二〇一六年のうちはまだ安倍の「驕り」は大きな問題には発展しなかった。それは、五月の伊勢志摩サミットの成功、米国のオバマ大統領の広島訪問と安倍の真珠湾訪問、ロシアのプーチン大統領との度重なる会談で北方領土問題の進展が期待されたこと、大統領選に勝利した米国のトランプと世界の首脳の中で最も早く会談したことなど、外交面での順調な成果が「驕り」を覆い隠していたのだ。

そして迎えた二〇一七年、安倍が「総理や議員も辞める」という答弁をしたのは、訪米して大統領就任直後のトランプと初の日米首脳会談を開催した一週間後のことだった。トランプとの親密な関係を世界中にアピールしたことで、安倍はいわば万能感に満ちあふれた状態だった。

私が同年九月に書いた記事は、その「驕り」があの答弁を引き出し、森友問題や加計問題発覚以降の安倍政権の凋落に繋がっていると指摘するものだった。

十五年かけて築いた安倍との関係を崩しかねない記事で、批判の筆を執るのは覚悟が必要だった。雑誌が発売されると、安倍の支持者たちから「岩田さんは、なぜあんなことを書いたんだ！」と厳しく追及されたこともあった。

だが、安倍の反応は違った。記事を読んで、厳しく指摘している箇所にわざわざマーカーを引いていたという。また時には記事のコピーを折りたたんでポケットに入れ、持ち歩いてもいた。

その時、私は安倍の中でわずかながら自戒の念が出てきたのだと思った。

安倍が二度目の衆議院解散を決断し、国政新党「希望の党」を立ち上げた小池百合子との対決に挑んでいくのは、この直後のことである。

麻生に「辞める時は、一緒です」

「財務省がどれほど書き換えをしていたのかは、正直、私にも分からない状況になってきた。調べただけでも、ここ五年くらいは恒常的に行っていたとの話もある」

二〇一八年三月十九日、安倍は私にこう語っていた。

前述したように、この年の三月二日に朝日新聞が、財務省が森友学園との契約の際の決裁文書を改竄していたと報じ、世間は騒然となった。財務省は前年二月に国会で森友問題が追及された直後に決裁文書の改竄を始め、交渉記録を廃棄するなどしていたのだ。元理財局長の佐川宣寿をはじめ財務省職員三十八名が背任などの容疑で告発され、大阪地検特捜部が捜査を開始。財務省も調査を行い、六月には改竄を佐川が主導したと認め、職員たちの処分を発表している。

当時、財務大臣だった麻生太郎は会見で「私自身の進退については考えていない」と答えたが、実は周囲に「俺も辞める」としきりに漏らしていた。

公文書改竄事件は、長年にわたり財務相を務め、安倍政権の要だった麻生に辞任を覚悟させるほど深刻な影響を及ぼしたのだ。この時、安倍は「辞める時は、私と一緒です」と必死で麻生を慰留している。

前述の『回顧録』では財務省の改竄事件を振り返って、「文書の改竄なんて、思いもよりませんでした。佐川さんの指示で課長以下がかかわっていたわけです。そこまで官邸の目は届きません」と語っているが、おそらくこれは安倍の本音であり、当時の私の取材とも齟齬《そご》はない。

安倍は憤りながら、私にこうも言っていたのだ。

「むしろ決裁文書を全部出してもらった方が良かったのに、なぜ財務省は削除なんかするんだ！」

たとえ決裁文書から削除された昭恵や政治家に関する記述が公表されても、問題はないというのが安倍の認識だった。これは『回顧録』にあった「改竄なんかするから、まるですごい底の深い疑惑があるかのように世論に受け取られてしまった」という発言とも重なる。確かに、千ページ近くに及ぶ財務省の改竄前の文書を見ても、安倍の直接的な関与を窺わせる記述は見当たらない。当初から安倍の考えは一貫していたのだ。

矢野財務事務次官との手打ち

安倍と財務省の関係は険悪だったと言われることが多い。この章の冒頭でも触れたように、今回の『回顧録』で〈森友学園の国有地売却問題は、私の足を掬うための財務省の策略の可能性がゼロではない〉と露骨に財務省を敵視した安倍の発言が注目されたのも、そのイメージに拍車をかけた。

ただ、実際に私が安倍や財務省を取材してきた中で抱いた感触はいささか違う。両者は決していがみ合うばかりではなく、没交渉だったわけでもない。むしろ安倍は、物怖じせずに発言し、建設的な議論をする財務官僚のことは心から歓迎していた。

財務官僚が官邸の首相執務室を訪れ、例えば農水予算や公共事業の予算の削減案を相談する。安倍は端から否定することはなく、業界を熟知する政治家たちへの説得や根回しができているかを確認するだけに留めることもあった。要するに金額だけの問題ではなく、地方経済の事情や永田町の力学なども勘案した上で、納得すれば、むしろ「頑張ってくれ」と財務官僚を激励したという。

主張を異にする財務官僚とも、安倍は粘り強く付き合った。

岸田政権発足直後の二〇二一年十月に発売された月刊「文藝春秋」に当時の財務事務次官だった矢野康治《こうじ》が寄稿し、政府による新型コロナの経済対策を「バラマキ合戦」と批判し、このままでは国家財政が破綻しかねないと警鐘を鳴らした。

財政規律派である矢野の寄稿からは、アベノミクスを主導し、積極財政を打ち出してきた安倍への反論も読み取れた。当初、安倍は「財務次官が、なぜ官邸に直接意見を言わずに、メディアを使って主張するのか。卑怯ではないか」と矢野のやり方を厳しく批判していた。

だが、実はその後、安倍と矢野は手打ちをし、計四回にわたり勉強会も兼ねた会食をしている。そこには稲田朋美元防衛相や本田悦朗《えつろう》元内閣官房参与も同席した。持論を語る矢野を前に、安倍は耳を傾け続けたという。

安倍の死後、矢野は「ある人から『安倍さん亡き後は、真の調整役がいなくなり、財務省に冬の時代が来る』と囁かれた。最初は同意できなかったが、今はその通りだと実感している。安倍さんがいなくなった穴は埋めがたいものだ」と周囲に漏らしていたと聞く。これも安倍と財務省が険悪な関係にあったとは一括りにできない逸話だと思う。

また、財務省との関係で忘れてならないのは、安倍が第二次政権で二度にわたる消費税率引き上げを断行したことだ。

二〇一四年四月に予定通り五パーセントから八パーセントへ引き上げ、一〇パーセントへの再引き上げについては二度の延期の判断をしたが、二〇一九年十月に実施している。

実は、安倍は政権発足当初から自身の政権のうちに一〇パーセントへの引き上げはマストであるという認識を持っていた。そのためにも、まずはアベノミクスで日本経済を復活させて増税環境を整えなければならないという考えだったのだ。

安倍は自身が幹事長や官房長官として仕えた小泉純一郎を反面教師としていた。小泉は首相就任当初から一貫して「自身の政権の間は消費税率を上げない」と明言していたが、長期政権を担っていた一国のトップとしてはいささか無責任な態度ではないかと見ていたのだ。

加計学園の疑惑

前述したように、森友問題と同じ二〇一七年には、加計問題も勃発している。岡山理科大学や千葉科学大学などを経営する加計学園が、安倍政権下で国家戦略特区に指定された愛媛県今治市に岡山理科大学の獣医学部を新設することが認められた（二〇一八年四月に開学した）。

日本での獣医学部の新設が実に五十二年ぶりに認められたこともあり、学園の理事長である加計孝太郎が安倍と長年の友人だったため、特別な便宜供与があったのではないかとの疑惑が渦巻いた。

また、内閣府と文部科学省との交渉記録には「総理のご意向」などと書かれた文書があるとメディアで報じられ、首相案件として「行政が歪められた」との批判も出ていた。

ただ、当時の私の取材で、安倍は加計問題について話すことはほとんどなかった。森友問題の時と同様に「便宜を図っていないし、交渉の過程も知らない」というのが偽らざる事実だったのだろう。

政権の危機としてマスコミの報道が過熱する中で、逆に安倍が落ち着いた素振りを見せていたことも森友問題の時と酷似している。結局、森友問題でも加計問題でも安倍が関与していたことを示す決定的な証拠は見つからなかった。

「桜を見る会」の深刻さ

私が取材した感触では、安倍にとって、この二つの問題とは異なり、最も苦しんだのが「桜を見る会」問題だったのではないかと見ている。

二〇一九年の夏のある日、安倍は家族で連れ立って河口湖の別荘を訪れている。久しぶりの家族団欒《だんらん》を楽しむ中、妻の昭恵がこう言った。

「ところで、あと何日経てば、桂太郎首相の在職日数に達するんでしたっけ」

この年の十一月二十日に安倍の在職日数は二千八百八十七日を記録し、憲政史上最長となる予定だった。昭恵の問いに、安倍も嬉しそうに「確かに、あと何日だったかな」と数えていたが、傍にいた母の洋子が一言、こう呟いたという。

「大切なのは、何日やったかではなく、〝何を〟やったかでしょう」

二〇一九年の安倍政権は、モリカケ問題を乗り越え、二〇一六年以来の絶頂期を迎えていた。五月にはトランプを令和初の国賓として日本に招き、六月には大阪で開催されたＧ20サミットの議長を務めて見事に成功に導いた。翌七月の参院選では自民党が圧勝、九月にはトランプ米大統領との間で日米貿易協定の最終合意を果たしている。

そして、迎えた十一月十日、天皇陛下の即位を祝うパレード「祝賀御列の儀」が開催された。秋晴れのもと、前月に即位の礼を無事に終えられた天皇陛下と皇后陛下がオープンカーに乗り、微笑みながら沿道の人たちにお手振りする場面を眺めていた安倍は感極まった様子だった。この年の春に、約二百年ぶりの生前退位を無事に実現できたことへの達成感も湧いてきたのだろう。

だが、華々しい日々の裏では「桜を見る会」問題が燻っていた。

祝賀パレードの二日前、十一月八日の参院予算委員会で共産党の田村智子が「（桜を見る会に）首相が後援会関係者を多数招待しているのでは？」と質問したことで、この問題に火が付いた。

「桜を見る会」とは、毎年四月に新宿御苑で開かれていた総理大臣主催の公的行事である。この会の参加者数や支出額が年々増えており、安倍の後援者を大量に招待しているのではないかという指摘だった。安倍政権絶頂期のムードも突如として一変したのだ。

ただ、その前兆は、数年前から感じられた。二〇一三年、第二次政権に復帰した直後の四月に、安倍は桜を見る会を開催している。この時の安倍は、第一次政権退陣後も応援してくれた人への感謝を込めて、参加者一人一人を選ぶ作業に自ら関わっていた。だが、年を経るごとに、安倍自身も首相としての業務に忙殺され、会の運営は自民党や事務所側にすべて任せるようになってしまう。

年々経費も膨れ上がり、地元の有権者など大勢が何台ものバスで参加する様は人目につくようになった。違和感を抱いた私は「地元も大切ですが、地元優遇と映れば、総理の姿勢を問われる事態にもなりかねないのでは」と指摘した。だが、安倍は真剣に受け止めず、「歴代政権が行ってきた恒例行事だし、それほど重要な会と見られていないでしょう」と事もなげに答えるのみだった。

だが、桜を見る会をめぐって次々と疑惑が発覚した。地元事務所が桜を見る会への観光ツアーを有権者に案内していたことや、「ジャパンライフ」会長ら悪徳商法を行っていた不適切な人物も招かれていたことなど、もはや安倍が看過できない事態にまで膨れ上がっていた。

とりわけ、安倍の後援会が開いた「桜を見る会」前夜祭をめぐる疑惑は厳しく追及された。ホテルの宴会で集められた一人当たり五千円の会費が安過ぎると指摘され、違法な寄付に当たるとして公職選挙法違反に問われた。また、この前夜祭の徴収額や補塡費を政治資金収支報告書に記載しておらず、政治資金規正法違反の疑いも持たれていたのだ。

特捜部の安倍への聴取

年が明けると中国・武漢で感染爆発した新型コロナウイルスに関する報道がメディアを席巻し始め、桜問題も一時的に収束したが、二〇二〇年五月には安倍が刑事告発されている。同年十一月下旬、すでに安倍は首相を退陣していたが、東京地検特捜部が政治資金規正法違反の疑いで、安倍の公設第一秘書への捜査を開始した。さらに十二月三日には安倍に対して任意聴取を要請している。

安倍は疲労を滲ませた声で私にこう語っていた。

「この桜の問題は、少なくとも公職選挙法と無関係であるのは、客観的に明らかだと思うけど……。『安倍前首相を聴取へ』という報道が各紙に出たのは印象操作であって控えてほしい」

実際に自分が捜査の対象になるなど、森友や加計問題とは異なり深刻な雰囲気だ。次第に安倍も焦りを滲ませ、私の取材に対しても桜問題を語る機会が増えていった。

例えば、十二月八日の電話では「後ろから人を陥れる人間は、全部自分に返ってくるんだ。エネルギーを蓄えて、よく遊んで笑おう。体力が何よりも大切だ」と意味深なことを言ったかと思うと、翌日には「桜問題はいくら騒いでも、私はすでに首相を退いているから菅政権には迷惑をかけないと思う。一、二年後に全然違う雰囲気であればいいのだけど」と至って前向きになる。

「一、二年後」とは、自分が総理三選を実現することを意識しての発言だったはずだ。

十二月二十一日に安倍は検察の聴取を受け、二十四日には公設第一秘書が収支不記載で略式起訴され、安倍は不起訴処分となった。

だが、すぐさま複数の団体がこの処分を不服として、検察審査会に審査を申し立てている。この審査会にも安倍は気を揉んでいた。年を跨《また》いで二〇二一年七月には、審査の結果が出る予定だったが、その前後では身体に不調も来していた。

六月八日の電話では「暗い出来事がありました」と前置きをした上で、こう語っていた。

「三週間前に、突然、肺に影ができた。五か月前に検査した時は影などなかったから、『癌ではないか』と焦ったよ。ただ、短期間でこれほど大きくなる癌はないそうで、おそらく潰瘍性大腸炎の治療薬であるレミケードの副作用だと思う。

来月、検察審査会があるが、私の分は、この間まで刑事犯罪をしたかのように報じられて、印象操作されるのが政治家としては堪《たま》らない」

「国家機密も吸い取られた」

七月三十日の検察審査会の議決を前に、安倍は「想定外だが、もしかしたら、起訴相当になるかもしれない」と不安を見せもしたが、結果的に「不起訴不当」となった。この議決を受けて検察は改めて約五か月間の捜査を行っているが、最終的には再び不起訴処分となり捜査は終結している。

この間も安倍は私に不安な感情を吐露していた。

「検察が夏休みを取る上に『さらなる聴取をしなければならない』と言っているとのことだ。単なる引き延ばしを図っているのであれば、政治介入と言わざるを得ない。普通なら五人程度に事情聴取して終わるはずなのに、一回目の捜査ですでに二十五人もの関係者に聞いている。秘書も散々振り回された上に、私の携帯メールまで見て、国家機密も吸い取られてしまった……」

私は電話から聞こえてくる安倍の憔悴した様子から、桜問題が森友や加計問題とは異質な問題であることを改めて感じた。

桜問題を突き詰めると、結局、安倍が事務所任せにしたことに原因の一つがあるのは明らかだ。「桜を見る会」前夜祭の収支は、第二次政権発足当初は収支報告書に記載されていた。実は、父・晋太郎時代から事務所を取り仕切る〝大番頭〟のような手堅い職員がいて、事務所もその人物に任せていた。しかし、この職員が高齢だったこともあり体調を崩し、事務所を不在がちになる。後任への引き継ぎもうまくいかず、安倍事務所に生じた穴が桜問題に繋がったというのが私の見方だ。

しかし、桜問題で野党に追及される中でも安倍は、この職員の体調に配慮して、事情を説明しようとはしなかった。これも安倍の身内への情の弱さの表れと言えよう。

いかにも人間らしい部分ではあるが、世間から激しい批判を受けた理由は、ここにあったのではないか。憲政史上最長政権を誇る総理大臣となったからには、国民全員のリーダーであるという自覚を持って私情を捨てるという判断も必要だったのではないかと思えてならない。

もし第三次政権が実現していたら、そうした情の弱さを削ぎ落とし、より円熟味の増した安倍の姿が見られたのかもしれない。

第9章 岸家と安倍家の葛藤

昭和 32 年の家族写真。右端が岸信介、後列で立っているのが安倍晋太郎、左端で抱えられているのが安倍晋三（写真　文藝春秋）

東京・渋谷からほど近い富ヶ谷の閑静な住宅街にある安倍の邸宅。三階建てで、二階が安倍と妻・昭恵の居住スペースだった。現在、母の洋子が暮らす三階の仏間に安倍が微笑む遺影が飾られ、その周囲には華やかなお供えの花々や絵画、お菓子などが置かれている。死後半年以上が経っても、弔問客が後を絶たないことが窺われる。

「紫雲院殿政譽清浄晋寿大居士《しうんいんでんせいよしょうじょうしんじゅだいこじ》」

位牌と骨壺に刻まれた安倍の戒名だ。骨壺の方の達筆な字は、洋子が書いたのだという。昭和の大物政治家である岸信介の娘にして〝政界のゴッドマザー〟とも呼ばれた洋子は、昭和三年生まれで今年で九十五歳になる。

洋子は元々、著名な女流書家と一緒に書の展示会を開くほどの腕前だ。安倍の死後まもなく、洋子が直筆で半紙に戒名を書き、それを骨壺に転写したのだという。

私は、二〇一六年に月刊「文藝春秋」の企画で、まさにこの自宅三階で洋子にインタビューをしたが、「おかげさまで晋三も総理として四年目を迎えることができました」と第二次政権の順調な歩みぶりを喜ぶ姿が印象に残っている。

それが突然、想像だにせぬ凶弾に命を奪われ、自分より先に逝ってしまった。母として愛する息子の戒名を書く――あまりに残酷な行為に臨まざるを得なかった洋子の無念や悲しみは計り知れない。

安倍は家族との時間を大切にしていた。この富ヶ谷の自宅に兄の寛信《ひろのぶ》一家や弟の岸信夫一家も招き、年末年始の行事やクリスマス、誕生日パーティーを催した。総理の激務の合間を縫ってでも仕切り役を務め、家族団欒の中心にはいつも安倍がいたという。そこには総理大臣ではなく、夫であり息子である一人の人間としての安倍の素顔や振る舞いがあったはずだ。

私が過去二十年にわたり安倍を取材する中で、政策や政局に比べて家族について語ることは決して多くはなかった。だが、時折口にする思い出や考えからは、意外な安倍の家族観と、安倍家や岸家の知られざる実像が見えてくるのだ。

信夫への嫉妬の感情

「弟の信夫が生まれるまでは、私が岸家の養子になる予定で、祖父（信介）が舐めるように可愛がってくれたのを覚えているね。ただ、私が五歳の時に、まだ幼い信夫が養子に出されることを知ると、子供ながらに寂しくて反発したものだよ。一方で嫉妬の感情も芽生えてきて、信夫には、悪戯でよくプロレス技をかけたな（笑）」

二〇〇八年の十二月、第一次政権を退陣し、持病の潰瘍性大腸炎の治療のために自宅での蟄居《ちっきょ》生活を送っていた頃だ。安倍は珍しく感傷的にこんな話をしていた。

岸信介の息子である信和・仲子夫妻は子供に恵まれなかった。そのため岸家の血を絶やさぬよう、洋子が三人目を身籠もると、男児だった場合は岸家に養子に出すことが決められた。洋子は私のインタビューで「なんとなく女の子のような気がしていた」と語ったが、その予感は外れ、祖父の信介が信夫と命名した。つまり、洋子の予感が当たり、三人目が女児だった場合は、安倍が岸家の養子になっていたというわけだ。寛信と安倍は煩悶しながらも、本人のためを思ってこの事実を伏せ、〝いとこのお兄ちゃん〟として振る舞った。

高校三年の時に信夫は、初めてこの事実を知ることになる。大学入学に必要な戸籍謄本を自分で取り寄せると、両親の戸籍に入った経緯の欄に「出生」ではなく「養子」と書かれていたのだ。寛信の著書『安倍家の素顔』（オデッセー出版）には、この時、信夫が衝撃を受け「なぜ本当のことを言ってくれなかったのか」と混乱し、思い悩んだ様子が描かれている。私も安倍が「あの時は様々な意味で大変だった……」と振り返っていたのを覚えている。

住友商事を経て二〇〇四年に信夫は参院議員に初当選した。当時、安倍は自民党幹事長であり、何度か選挙応援に駆けつけている。だが、当選後は、安倍はたとえ実の弟でも一人の政治家として接し、身内贔屓《びいき》はしない、との考えを持っているようだった。

「私が頼んだわけではないからね！」

二〇二〇年九月に発足した菅義偉政権で信夫が防衛大臣として初入閣を果たした際に、私を牽制するかのように安倍はそう語っていた。だが内心は嬉しそうで、弟を大臣に抜擢した菅に感謝しているようだった。

信夫は台湾に独自の人脈を持っていた。正式な国交のない台湾と友好促進を図る「日華議員懇談会」の幹事長も務め、「民主化の父」と呼ばれた李登輝《りとうき》元総統とも親しくしていた。

安倍も、親日家で教養豊かな李登輝に敬意を抱いていた。二〇一五年の七月、李登輝が訪日した際にはこんなことを語っている。

「李登輝と極秘で会ってきた。以前から続いていることだ。第一次政権を退陣した後も彼は一貫して私のことを支持し、アピールしてくれていてね。だから恩義があるんだよ。今年で九十二歳だから、そう何度も訪日はできないだろうな」

安倍は、信夫が政治信条として台湾との関係を大切に育んできたことは理解していた。ただ一方で、この頃、「李登輝に勲章を授与してはどうか」との考えが、信夫も含む親台派の政治家の間から浮上すると、安倍は対応に苦慮していた。中国を刺激することは間違いないからだ。

勲章は、受章者を閣議で決定した上で、最終的に天皇陛下が授与する。思案した結果、安倍は事柄の性質上、中国の反発で予期せぬ外交問題を招きかねず、天皇を巻き込んでしまうリスクを回避すべきだと判断した。理想に一途な弟を羨ましく思いながらも、総理という職務の厳しさを改めて実感していた。

安倍家三兄弟の病

一方、兄の寛信は商社マンとして三菱商事に長年勤めた後、子会社の社長も務め、会社員人生を全うした。弟二人とは違って、政治の世界とは一線を引いていた。だが兄弟三人は政治家一族に生まれた「宿命の子」であると同時に、ある〝因縁〟を抱えている点でも共通していた。

「私たち兄弟は、みな免疫系の病気を患っているんだ。政治家だった祖父の安倍寛《かん》も、若い頃に脊椎カリエスと肺結核になり、五十一の若さで亡くなっている。何かの因縁だろうか。一度、折を見て先祖のお墓参りに行った方がいいかもしれないな」

安倍の死の翌年、二〇二三年二月七日をもって信夫は議員辞職している。二〇一二年に参議院から衆議院に鞍替えし、前述したように二〇二〇年に防衛大臣に就任するなど順調に政治家の道を歩んできたように見えたが、体調不良で思うように声が出なくなり、二〇二一年九月には尿路感染症と診断され、車椅子に乗って公務に臨む姿も見られた。二〇二二年八月の内閣改造で防衛相を退任し、首相補佐官に就任していたが、体調が回復することはなかった。

安倍の二度の政権退陣の理由も持病の潰瘍性大腸炎の悪化にあった。兄・寛信も三十歳の頃にギラン・バレー症候群を患ったことで身体も眼球も動かなくなり、一時は死の危機もあったと前述した著書で打ち明けている。幸い、寛信は三か月ほどの入院で症状が改善し、リハビリ期間を経て会社勤務に復帰した。安倍家の長男ゆえに、それまでは政治家になる役割を意識していたが、この病気で自分が政治家になるのは無理だと悟ったという。

地元の山口県田布施《たぶせ》町に祖父・岸信介の墓があり、同県長門市油谷《ゆや》の墓には父・晋太郎が眠っている。だが、この時に安倍が言っていた「先祖のお墓」とは、福岡県宗像《むなかた》市からフェリーに乗って十五分の場所にある離島・大島の墓や、福井県小浜《おばま》市の羽賀寺のことを指す。

大島の墓には平安期の豪族、安倍宗任《あべのむねとう》が眠る。平安時代後期に安倍貞任《さだとう》・宗任の兄弟が朝廷に反乱を起こし、朝廷からは討伐のために源頼義・義家父子が派遣されている。これが一〇五一年から六二年まで十年以上続いた「前九年の役」だ。兄の貞任は東北の地で敗死し、弟の宗任は大島の地に行き着いた。

一方の羽賀寺は室町時代に奥州の武将である安倍康季《やすすえ》の寄進で再建され、安倍家歴代の位牌が安置されている。安倍一族のルーツを辿ると、北陸や九州に行き着くのだ。

二〇二一年十一月一日、衆院選投開票日の翌日にもかかわらず、安倍は妻の昭恵と、初めて宗任の墓を訪れている。また、二〇二二年四月には羽賀寺も訪問した。一族の健康と国家の安寧を祈願した安倍は、「やっと行くことができた」と感慨深げな表情を浮かべていた。

府中刑務所で驚愕

若い頃の安倍は、政治家一族のサラブレッドとして近づきがたい雰囲気を身に纏《まと》っていた。その一方で裕福な名門家庭に生まれ、温室育ちであることへの、ある種の抵抗感を抱いているようでもあった。

父は東京を拠点に政治活動に追われ、母も東京と地元との往復を繰り返すなど、両親が不在がちだったから無理もない。

それは翻って言えば「政治家なのに社会を知らない」という気後れでもあったわけだ。両親に言われるまでもなく、安倍は幼少期から「将来は政治家になる」と心に決め、周囲にもそう言って憚《はばか》らなかった。安倍は一九七七年の成蹊大学卒業後、米国への留学を経て、一九七九年に神戸製鋼所に入社し、約三年半勤めている。政治家になるために、一度は会社員経験を積む必要があるとの考えで、「政略入社」と見る向きもあった。

配属された冷延鋼板輸出課の営業担当だった頃を、安倍は懐かしそうに振り返っている。

「営業成績で新日鐵に負けるのが悔しくてね。向こうの客をごっそり奪ったことがあるんだ。それが生き甲斐だった（笑）。そうしたら、上司に『安倍くん、こんなことしていいと思ってるのか！』とこっぴどく叱られたけど、構わずに『自分で責任を取ります』と宣言したら、あっさり認めてもらえたよ。当時の課長がすごく太っ腹な人で私を擁護してくれて、今でも感謝している。その課長は後に神戸製鋼の副社長にまで出世したんだ」

この話に出てくる新日鐵の営業担当は、後に社長・会長を歴任し、日本商工会議所会頭になった三村明夫であり、安倍を擁護した課長とは矢野信治のことだ。矢野は何かと安倍に目をかけ、夜に麻雀に連れて行ったり、安倍が神戸製鋼を退社して政治の道に進む際にも相談に乗ったりしている。

この三年半の会社員生活が安倍にとって貴重な肥やしとなり、後年も自分が「鉄鋼マン」だったことを誇りに思っていた。国会質疑で「総理大臣とはどういうものか？」と聞かれた際に、安倍は「溶けた鉄を鋳型《いがた》に流し込めばそれでできる鋳造《ちゅうぞう》品ではない。叩かれて、叩かれて、やっと形をなす鍛造《たんぞう》品。それが総理というものだ」と答えている。

だが、そうしたサラリーマン生活を送ったものの、政治家になってからは「政界のプリンス」などと周囲から色眼鏡で見られ、安倍自身も気後れを拭い切れずにいた。一九九三年に二年前に亡くなった父・晋太郎の山口一区（中選挙区）の地盤を引き継いで初出馬しているが、弔い合戦にもかかわらず選挙期間中は苦戦を強いられた。この総選挙は中選挙区制で行われた最後の選挙となり、選挙後には自民党が下野し、細川護熙《もりひろ》内閣が誕生している。

「選挙の際に、私の体形を見て『もやし』だなんて揶揄されることもあった。あれは悔しかったな」

二〇〇五年に幹事長代理だった安倍が、当時のチェイニー副大統領に面会すべく訪米し、私もワシントンに同行取材したことがあった。

現地で少し時間が空くと、過密なスケジュールの合間を縫って「スーパーマーケットに行きたい」と言い出した。適当なスーパーに案内して傍で見ていると、お菓子類の棚を熱心に探している。そこでポップコーンを見つけ、手に取った袋を感慨深げに眺めていた姿は今も妙に印象に残っている。子供の頃、気軽に街のスーパーに出かけてお菓子を買う機会も少なかったのかもしれない、と私は思った。

同じく幹事長代理だった頃に、安倍は同僚議員の塩崎恭久や西村康稔《やすとし》らと府中刑務所に視察に行っている。私も安倍番になる前は、法務省担当だったこともあり、強い関心を持って同行取材した。定員が三千人近く日本最大とされる府中刑務所には、殺人犯や強盗犯なども収容されている。初めて足を踏み入れる地で、日本社会の一断面を目の当たりにした安倍は驚愕していた。帰りの車中でも熱っぽくその日の感想を語り合っていたのを覚えている。

岸信介からの掛け軸

安倍から甘さが消え、政治家としての凄みが出てくるようになったのは、やはり第一次政権退陣後の「雌伏の五年間」を経てからだ。周囲への感謝を度々口にするようになり、人情に厚く、それでいて政局をめぐっては冷静かつ緻密な戦略性を持つ。最後は天運に任せると達観した様子も窺えるようになった。

「至誠而不動者未之有也（至誠にして動かざるものは、いまだこれ有らざるなり）」

神戸製鋼所に勤めていた一九八一年、二十七歳の時に、安倍は祖父・信介から一幅の掛け軸を授けられた。そこには直筆でこう書かれていた。

幕末の長州の偉人である吉田松陰の座右の銘で、「誠の心をもって尽くせば、動かなかった人など今まで誰もいない」という意味だ。

安倍自身は「もっと他にも若者向けの贈り物はあっただろうに、祖父は地味なプレゼントをくれたものだ」と笑っていたが、この掛け軸は今も富ヶ谷の自宅二階の床の間に大切に飾ってあるという。

安倍自身も両親譲りの達筆な字で「以和為貴（和を以て貴しとなす）」や「不動心」などと半紙や色紙に書いて、求める人に渡していた。私の手元にも安倍の「不動心」の文字が書かれた萩焼の湯飲みがある。陶芸作家の坂倉新兵衛の作品で、生前に安倍と縁のあった人たちに贈られたものだ。

「至誠而不動者未之有也」という言葉が、安倍の政治家としての指針になっていたことは間違いなく、それほど祖父の影響は大きかった。

政策は祖父似、性格は父似

対米従属からの脱却と憲法改正こそが安倍の悲願であり、志半ばで挫折した祖父の遺志を引き継いでいることは誰もが知るところだ。

安倍はこう語っている。

「祖父が日米安保を改定して、米国の同盟国になることができた。ただ、当時、国民の間であれだけの反対運動が巻き起こったのは、旧安保条約と新安保条約との比較ができていなかったからだ。一方で岸内閣も国民からの人気が低く、祖父も言葉を尽くして真意を伝えようとしなかったので、課題を残したと思う」

六〇年安保闘争が燃え盛っていた時代、安倍はまだ五歳だった。その頃のことで、安倍が様々な媒体で繰り返し語っている逸話がある。

安保反対の大群衆が信介の渋谷区南平台《なんぺいだい》の自宅を取り囲んだことがあった。外からは「岸を倒せ！」「岸を殺せ！」と物騒な叫び声が聞こえてくる。だが、信介は全くたじろがず、孫たちを呼び寄せ、自宅の中でお馬さんごっこを一緒にして遊んでいたという。安倍がデモ隊のシュプレヒコールに合わせて、意味も分からずに「アンポハンターイ」と言うと、父・晋太郎から「安保賛成と言いなさい！」とたしなめられ、信介は傍で大笑いしていたという。

祖父が安保改定に政治家としての勝負を懸け、悠然と構える姿を安倍は胸に刻んでいた。

母の洋子は私のインタビューで、安倍のことを「政策は祖父似、性格は父似」と評していた。

「晋三が政治家になって、主人と似ていると感じるのは、一度言い出したらなかなか周りの言うことを聞かない、頑固なところです。それから、表面上は厳しいことを言っていても、裏では人のことを気遣うというのも、主人と似ていますね。晋三があるとき、古くからの支援者の方と衝突してしまったのですが、それでも何年か経つと、『あの人、あれからどうしてるかな。今度食事にでも誘おうかな』なんて言い出すのです。主人は病床で『俺も甘いところがあるけれど、晋三も俺に輪をかけたところがあるからな』と言っていました」（『宿命　安倍晋三、安倍晋太郎、岸

信介を語る』文藝春秋）

安倍からは、父の性格を物語るこんなエピソードを聞いたことがある。

「ある年の暮れ、久しぶりに父と自宅で過ごす時間ができると、いきなり『ほらっ』と、封筒をポンと渡された。中には子供にしては多額のお金が入っていて、『お小遣いなんて珍しい！』と思って受け取ろうとすると、母は『子供に、こんなもの渡さないでください！』と厳しい口調で怒ってね。結局、取り上げられてしまったんだよ」

また、神戸製鋼所に勤めていた一九八二年に、晋太郎が外務大臣に就任すると、安倍は突然「明日から来るように」と秘書官就任を告げられた。「いきなり明日からは無理だ」と断ると、「俺が秘書官になった時は一日で新聞社を辞めたぞ」と強引に迫り、結局、安倍は一週間後に退職を余儀なくされている。

晋太郎が味わった悲哀

温和な顔立ちと、人の良さから「政界のプリンスメロン」と呼ばれた晋太郎だが、こうした数々の逸話から、実は豪胆な性格だったことが分かる。ただ、私が取材する中では、安倍は晋太郎から、決して「性格」だけに留まらない影響を受けているように感じた。

安倍は若い頃から父のために地元山口で応援演説をし、外相秘書官時代も含め父の秘書を約八年半務めている。晋太郎は外相退任後は自民党総務会長や幹事長を歴任しており、折に触れて父から政治についての教えを受けていたようだった。

例えば選挙について、一九六三年の第三十回衆議院選挙で晋太郎は落選している。安倍はまだ九歳だったが、当時の記憶が鮮明に残っていた。

「落ち込む父の姿を見て、落選した政治家は魂を抜かれたようになるものなんだと思った。落選期間中は両親揃って地元を回ったが、収入が減るし、服も少しみすぼらしくなってしまってね。周りの子供たちからは『貧乏』と馬鹿にされたものだよ。父が味わった落選の悲哀を間近で見て、絶対に選挙に落ちては駄目なんだと子供ながらに思ったね」

そして、父の落選後にはこんなエピソードもあったと、洋子は明かしている。

「晋三が九歳のときに主人は一度選挙に落選するのですが、浪人中のあるとき、晋三の小学校の遠足の後、父兄の方から『小さいながらも、お父様のことはやっぱり気になっているらしいのよ』と言われたことがあります。なんでもバスの中で、みんなが順番にマイクを持って歌っていたのですが、晋三は回ってきたマイクに向かって『安倍晋太郎をよろしくお願いします』と言ったのだそうです」(前掲書)

政局についても、安倍は父から影響を受けている。一九八七年に竹下登内閣が成立し、竹下は盟友で幹事長の晋太郎に閣僚人事を相談していた。だが、ある人物の入閣をめぐって晋太郎と竹下が電話で口論になった。

「父が竹下さんに、派閥のある人物の入閣を打診したら、『駄目だ』と断られてしまった。決して政策通ではなかったが、父は何とかその人を取り立ててやりたいと思ったんだね。竹下さんが拒否するのを聞いて『では、私は引かせてもらう』と言って、電話を叩き切ってしまった。その直後に『いいか、晋三！　指導者とはいかなる人材も、ここぞと思ったタイミングで処遇してこそ、指導者たり得るんだ』と言っていた。その様子を折に触れて思い出すんだ」

プーチンの父親の肖像画

ただ、安倍が晋太郎から最も影響を受けたのは、外交政策だったと私は見ている。一九八二年の中曽根康弘内閣で晋太郎は外務大臣に就任した。約三年半で延べ八十一か国を訪問し、歴代外相の中でも当時の新記録を打ち立てている。「空飛ぶ大臣」などと呼ばれたが、これは安倍が第二次政権で掲げた「地球儀俯瞰外交」の先取りだったとも言える。

一九九〇年一月、晋太郎は自民党訪ソ団団長としてモスクワのクレムリンでゴルバチョフ書記長と会談した。この時、本人には告知されていなかったが、晋太郎はすい臓がんを患っており、七十二キロあった体重は五十七キロまで激減していた。晋太郎は、ペレストロイカ改革を推進していたゴルバチョフと会談することで、日ソ平和条約の締結と北方領土返還を目指そうとしていた。

安倍は自著『美しい国へ』の中でこう記している。

「『日本国民は、あなたの訪日を待っている。来年、桜が咲く四月頃が一番美しいが、どうか』

『それに、なんら支障が起きないことを期待している』

会ってすぐの訪日の誘いに、書記長は了承した。いつもそうだが、父は、あいまいないいかたはしない。ずばり要求をだした。

『日ソ両国は、両国間の困難な問題を克服する時期にきている。ゴルバチョフさんが書記長の時代に、ぜひ叡智《えいち》をもって解決してほしい』

安倍晋太郎のこの呼びかけは、書記長から、日本の領土返還の主張は『固有の権利である』とする回答を引き出すことになった。領土問題を解決する方向で考えよう、ということである。講和条約をたてに、返還をかたくなに拒否していたかつてとくらべると、大きな進展だった」

安倍は私にこう語っている。

「あんなに痩せた身体で、果たして交渉などできるのかと、それはもう心配だった。でも、ゴルバチョフと対峙した瞬間、憔悴し切っていた親父の目に光が宿り、丁々発止のやり取りを始めたんだ。政治家としての真骨頂だと感じたね」

そして晋太郎が亡くなる一か月前の一九九一年四月、ソ連初代大統領に就任していたゴルバチョフが約束通り、訪日した。だが、歓迎レセプションの委員長を引き受けていた晋太郎の病状は進行しており、この時は入院中だった。夜の歓迎レセプションは立ちっぱなしで大勢が参加するので晋太郎の出席は無理だと判断し、衆議院議長公邸で行われる少人数の昼食会に参加してゴルバチョフと会見することになった。

安倍はその時のことをこう記している。

「会見場に入り、父が大統領と握手をかわすと、大統領が話しかけてきた。

『わたしは、約束をはたしました。桜がそろそろ咲きますよ』

たった五分間ほどの会見だったが、父はわたしに晴れやかな顔を見せた。まさに命を削った外交の最後の姿だった」（前掲書）

実はこの話には後日談がある。

約二十年後の二〇一三年、第二次安倍政権時代に、森喜朗元総理が特使としてロシアのプーチン大統領と面会し、一葉の写真を見せている。それは晋太郎とゴルバチョフの会談場面だった。晋太郎の傍らには秘書だった安倍も写っていた。

「今度総理になった安倍は、過去に病身を押して日ソ交渉に臨んだ、あの晋太郎氏の倅《せがれ》なんだ」

森の説明にプーチンは身を乗り出したという。

そして、二〇一九年一月、ロシアでの日露首脳会談の際に、安倍はプーチンに大統領執務室の隣にある休憩室に招かれている。そこで二枚の絵画を紹介されたという。一枚はセピア色の街の風景。プーチンの故郷サンクトペテルブルクだ。もう一枚が青い瞳をした軍人、プーチンの父親の肖像画だった。そこで二人は互いの父親の思い出話に花を咲かせた。

安倍が髪型を変えた理由

二〇二二年七月十二日、増上寺で営まれた安倍の葬儀の喪主を務めた昭恵は、涙ながらにこう挨拶した。

「あんまりにも突然のことで、わたくしもまだ夢を見ているような、そんな気がしています。あの朝は安倍の母のところで一緒に朝食をとって、そして八時頃『行ってきます』と元気に家を出ていきました」

十一時半頃に銃撃の一報を受けると、昭恵はすぐに奈良県の病院に向かい、午後五時少し前に安倍に面会することができたという。

「主人の顔を見ると、なんだか笑っているような、穏やかな顔で、手を握ると、そして、わたしが耳元で声を掛けると、ほんの少しだけ手を握り返してくれたような気がいたしました。わたしのことをきっと待っててくれたんだろうなというふうに思い、そしてそれまで何時間も心臓マッサージをしていた先生に、『もう結構です』というふうに言いまして、(午後)五時三分に息を引き取ることになりました」

一九八七年に安倍と昭恵はお見合い結婚をし、三十年以上の夫婦生活を送った。とりわけ第二次安倍政権の頃には、昭恵に対して様々な憶測が飛んだ。彼女の「反原発」「反防潮堤」などの主張を見て「家庭内野党」と評する人もいれば、第二次政権発足直前の二〇一二年十月に昭恵が東京・神田でオープンした居酒屋「ＵＺＵ」の経営について、「ファーストレディらしくない」と批判する声もあった。

「家庭の幸福は、妻への降伏」

では、安倍は妻のことをどう見ていたのか。二〇一三年の十一月二十一日、「いい夫婦の日」の前日にツイッター上で安倍は〈「家庭の幸福は、妻への降伏。」これが我が家の夫婦円満の秘訣です〉と冗談めかして投稿している。実際に私が取材する中でも、安倍が妻への感謝を口にする場面は何度もあった。

第一次政権退陣後、安倍の精神状態はどん底まで落ち込み、前述した通り、慶應病院に入院していた際には自殺の噂まで駆けめぐったほどだった。昭恵は夫の体調を案じ、まず病室のテレビのチャンネルを切り替えたという。辞任をめぐって嫌というほど過熱する報道番組は見せないようにして、心を癒やしてくれる動物の番組が映るようにしたのだ。

昭恵は敢えて積極的に励ますこともせず、安倍が精神的に穏やかに過ごせる環境づくりに注力していた。安倍自身もゆっくりと将来を考えることができ、「そうした空気は、かえって良かった」と感謝を口にしていた。

日々の生活では、お互いに多忙で、安倍も夜はほとんど仕事の会食だった。ただ、服装のコーディネートは昭恵のアドバイスを取り入れていたようだ。大きく影響したのは髪型だろう。第一次政権の頃は前髪を七三に分けていたが、第二次政権では前髪に軽くパーマをかけて掻き上げるスタイルになった。これも昭恵お薦めの美容室に変えたことがきっかけだった。

東日本大震災発生から間もない二〇一一年の三月二十五日、当時の自民党は野党だったが、安倍はこう語っていた。

「私と世耕（弘成）さんと一緒にトラック二台で福島に物資を提供しに行こうと思っている。パフォーマンスではないのでマスコミには内緒でね」

この頃、安倍は下着の提供もしている。「下着が足りない」という被災地の要請に従い、昭恵が友人と下着をかき集めている様子を見て、安倍も下着メーカーのワコールに連絡を入れたのだという。

昭恵は今も積極的に被災地への支援活動を行っている。「長州友の会」を結成し、カマボコやサザエなど地元山口の名産品を福島の人々に届けているのだ。夫婦で互いの活動や人脈が重なることは多くはなかったが、このように安倍は昭恵の考えを様々な場面で参考にしていた。

夫婦として苦楽を共にするにつれて円熟味を増していった二人だが、選挙の場面でも政治家と妻の役割分担を明確にしていた。政治家は、支援者や後援会を夫婦で一緒に回って応援をお願いする。有権者との信頼関係で成り立っているとも言える。そのため安倍は「職業として政治家の道を選んだ人間が離婚することには反対だ」とよく口にしていた。

後継者は「血縁にはこだわらない」

それがよく分かる場面がある。

安倍は、英王室を舞台にしたネットフリックスのドラマ「ザ・クラウン」を配信直後から熱心に観ていた。シーズン2ではエリザベス女王が、夫であるフィリップの浮気を知る場面が一つの山場だ。エリザベスは離婚を避けるため「私とディールしましょう」と提案し、フィリップに「殿下」の称号を与え、それと引き換えに夫婦円満を図るのだ。

安倍は「エリザベスのすごいところは、女王の威厳を守ることを優先し、私情に走らなかったことだ。王室を守りぬく姿が見事に描かれているよ」と興奮気味に話し、身振り手振りを交えて、何度もそのシーンを再現していた。

第一次政権発足当時、昭恵は月刊「文藝春秋」(二〇〇六年十一月号)に掲載された手記で「ごく初期のころは不妊治療も受けました。(中略)子どもに恵まれなかったことも、すべては運命であり、それを受け入れるべきだと考えています」と打ち明けている。

安倍自身は子供が好きで、遊説先などで、周りに集まった小学生に「本物だ」と髪を引っ張られてもニコニコ笑っていたし、後援者の赤ん坊を嬉しそうに抱っこしていた。ある議員の不妊治療の話に触れて、命の大切さを語っていたこともある。

だが、二〇二一年十二月、「週刊ポスト」で「〝令和の闇将軍〟安倍晋三を悩ます安倍家と岸家の『跡取り問題』」という見出しの記事が出ていたのを目にして、私は安倍に「実際はどう考えているのですか?」と聞いたことがある。するとこう答えたのだ。

「選挙区は預かりものだから、政策を引き継いで日本のために頑張ってくれる人なら誰でも歓迎したい。血縁にはこだわらない」

二〇二三年四月二十三日に行われた補欠選挙には、安倍の選挙区だった山口四区から昭恵の支援のもと、自民党の元下関市議・吉田真次《しんじ》が立憲民主党が推した有田芳生《よしふ》らを破った。国会議員となった吉田は、長らく空室となっていた衆議院第一議員会館の一二一二号室の主となった。一方、山口二区からは辞職した信夫の後を継いで、息子の信千世《のぶちよ》が初当選を果たしている。

自宅に帰っても「選挙、選挙」と繰り返す夫の姿を見て、かつては「なんで、いつも選挙のことばかり!」と言っていた昭恵だが、この補選では吉田の事務所開きに出席して支援を呼びかけるなど、先頭に立って奔走した。吉田が当選を確実にした時、昭恵は「(安倍が)これからもきっと吉田さんの活躍を見守ってくれていると思います」と涙を流しながら挨拶した。そんな妻の姿を見て天国にいる安倍は、政治一家の〝宿命〟を感じているかもしれない。

おわりに

一九九六年に大学を卒業してＮＨＫに入局して以来、地方から東京、海外に至るまで、政治家のみならず、様々な人たちを取材してきた。その四半世紀を超える記者人生の中でも、二十年にわたる付き合いとなった安倍晋三元総理は、最も頻繁に会話を交わした取材対象であった。

「人生には、上り坂もあれば下り坂もある。もう一つ『まさか』という坂がある」

これは、安倍が第一次政権をわずか一年で退陣した際に、小泉純一郎元総理が述べた言葉だ。安倍の政治家人生はまさに、この三つの坂の繰り返しであった。私の記者人生は、その坂のすべてを間近でウォッチすることになったと言っても過言ではない。記者冥利に尽きる濃密な経験ではあったが、一方では、苦悩も伴うものでもあった。

特にこの十年間は、ＮＨＫの政治部記者という組織人としての責任感に押し潰されそうになりながら取材を重ねてきた。史上最長政権を築く安倍は絶大な権力を有しており、私は記者としてその安倍に食い込み、内外の政策や人事などのスクープを求められる。その重圧が日増しに重くなっていくことで、次第に組織人としての人生の〝終焉〟のようなものを考え始めていた。

ネットメディアやＳＮＳの隆盛でテレビや新聞など既存メディアの存在感が薄れ、働き方や雇用のあり方も多様化しつつあった。そうした変化の中で、残された人生における自分の役割は何だろうかと考えることが増えていった。

ＮＨＫもまた、そうした変化の波に飲み込まれようとしていた。様々な新しい制度が導入され、その一つに早期退職制度があった。この制度を使う際の選択肢として、早期退職後に業務委託契約を結ぶという働き方があり、私は、緩やかに自分の人生のステージを変えることができる機会ではないかと捉えた。ＮＨＫを退職するという決断について、二〇二一年の年末には安倍に伝えている。

そして、二〇二二年六月十三日、私はＮＨＫに早期退職申請書を提出し、退社日は七月三十一日に決まった。ところが、新しい人生の始まりに向けて準備をしていたその時、安倍は不帰の人となる。安倍の死は、そんな私の人生の節目に起こった想像もできない出来事だった。

当初は悲しみに打ちひしがれ何も手につかなかったが、生前の安倍の実像を書き残すことが私に課された使命ではないかと考えるようになった。そんな時、月刊「文藝春秋」の新谷学編集長から、安倍について連載をしないかと打診され、引き受けることにした。本書は、「文藝春秋」二〇二二年十月号から二〇二三年六月号まで連載した「安倍晋三秘録」に大幅に加筆し、再構成したものである。

安倍の事件からわずか九か月後、やはり選挙の応援演説の場で岸田文雄首相を狙った爆弾テロ事件が起きた。安倍の事件では、警備体制やテロ対策の不備が露呈したが、銃規制が厳しく世界で最も安全な国の一つと言われた日本で、一年の間に二度も要人へのテロが起きた事実は、世界に大きな衝撃を与えた。

その世界は、ロシアの侵攻開始から一年以上経っても出口が見通せないウクライナ情勢、固体燃料を使った新型ＩＣＢＭを打ち上げるなど挑発を繰り返す北朝鮮、間近に迫った台湾総統選挙を見据え、緊迫の度合いを高める台湾海峡への三正面作戦を迫られる事態となっている。

中国が台頭し、米国の存在感が薄れる中で、世界はますます混迷を増している。日本外交は今こそ、世界の仲介役を担ってきた安倍の遺志を継ぎ、その役割を果たすべき時ではないのか。天国の安倍も、きっとそう願っているだろう。

雑誌連載と単行本化にあたっては、文藝春秋の片岡侑子、祖父江崇、中村雄亮、大松芳男の各氏にお世話になった。この場を借りて感謝の言葉を申し上げたい。

二〇二三年五月

岩田明子

岩田明子（いわた　あきこ）

千葉県出身、東京大学法学部卒業。一九九六年にＮＨＫに入局し、岡山放送局を経て、二〇〇〇年に報道局政治部に移る。森内閣・小泉内閣で総理番などを経て、二〇〇二年から安倍晋三官房副長官番。その後、第一次・二次政権を含めて安倍氏を約二十年にわたり取材した。二〇一三年からは政治部記者と兼任する形で解説委員も務め、その後解説主幹。二〇二二年七月にＮＨＫを退職し、現在は政治外交ジャーナリストとして活動、千葉大学客員教授、中京大学客員教授を務める。

安《あ》倍《べ》晋《しん》三《ぞう》実《じつ》録《ろく》

二〇二三年六月三十日　第一刷発行

著者　岩《いわ》田《た》明《あき》子《こ》

発行者　大松芳男

発行所　株式会社　文藝春秋

〒一〇二-八〇〇八
東京都千代田区紀尾井町三-二三
電話　〇三-三二六五-一二一一（代）

印刷　精興社
製本　加藤製本

ISBN 978-4-16-391713-9
Printed in Japan